Danny Smith

Raoul Wallenberg –
der Mann, der
100 000 Juden rettete

Die englische Originalausgabe erschien unter dem Titel „Lost Hero"
by HarperCollins Publ. Ltd., London
© Copyright Danny Smith 2001

Deutsch von Ulrike Chuchra

Die vorangestellten Bibelverse S. 5 aus: Lutherbibel, revidierter Text
1984 © Deutsche Bibelgesellschaft Stuttgart

Gründlich überarbeitete und leicht aktualisierte Ausgabe
Alexa Länge und Michael Malcher

© der deutschen Ausgabe Brunnen Verlag Gießen 2012
www.brunnen-verlag.de
Umschlagfoto: Corbis; Inga Dudkina/shutterstock
Umschlaggestaltung: Olaf Johannson
Satz: DTP Brunnen
Druck: CPI – Ebner und Spiegel, Ulm
ISBN 978-3-7655-4167-4

Inhalt

Er ist ein Schild allen, die ihm vertrauen.

(PSALM 18,31)

Niemand hat größere Liebe als die,
dass er sein Leben lässt für seine Freunde.

(JOHANNES 15,13)

Vorwort des Gründers von
Amnesty International

In den letzten sechs Monaten vor der Einnahme Budapests durch die Sowjets rettete Raoul Wallenberg 1944/45 mit unglaublichem Mut und Einfallsreichtum Tausende von ungarischen Juden vor dem sicheren Tod – vor den Gaskammern der Nazis.

Der Schwede Wallenberg schrieb Geschichte und wurde zugleich zu einer Legende. Nach dem Zweiten Weltkrieg verschwand er. Was seitdem mit ihm geschah, bleibt überwiegend ungeklärt.

Dieses spannende und bewegende Buch berichtet, wie die Legende entstand, und versucht, sein weiteres Schicksal zu erhellen.

Beide Länder, Ungarn und Schweden, galten fast während des gesamten Zweiten Weltkriegs als isoliert, nachdem die Nazis die Nachbarstaaten besetzt hatten. Um seine Unabhängigkeit wenigstens dem Anschein nach zu behalten, sandte Ungarn Truppen zur Unterstützung der deutschen Wehrmacht an die sowjetische Front. Die Schweden konnten ihre traditionelle Neutralität bewahren, indem sie sich verpflichteten, große Mengen Eisenerz für die deutsche Rüstungsindustrie zu liefern. Außerdem mussten sie den deutschen Truppen freien Durchzug zum besetzten Norwegen gewähren.

Als auch Großbritannien 1940 militärisch isoliert war, schien Hitlers Sieg nur noch eine Frage der Zeit. Die Lage änderte sich jedoch im Winter 1942/43, als Hunderttausende deutscher Soldaten in Stalingrad ihr Leben lassen mussten und die Schlacht um jene Stadt für die Wehrmacht verloren ging. Für die endgültige Wende sorgte jedoch die Landung der westlichen Alliierten in der Normandie im Sommer 1944.

Als im Sommer 1944 die sowjetische Armee die Deutschen beständig zurückdrängte und die westlichen Alliierten in Frankreich und Italien vordrangen, hatte sich die Lage geändert. Sowohl die Schweden als auch die Ungarn versuchten nun, ihre volle Unabhängigkeit zurückzugewinnen. Unter dem Deckmantel der Neutralität halfen die Schweden dem Westen mit humanitären Aktionen im deutsch besetzten Europa. In Ungarn versuchte Miklós Horthy, zu einem Waffenstillstand mit den Alliierten zu kommen. Er wurde jedoch von den rechtsextremen und von den Nazis unterstützten „Pfeilkreuzlern" gestürzt, die den aussichtslos gewordenen Krieg weiterführten.

Vor diesem Hintergrund wurde Raoul Wallenberg, ein Mitglied einer der reichsten schwedischen Familien, als Erster Sekretär der humanitären Abteilung der Schwedischen Gesandtschaft in die ungarische Hauptstadt Budapest gesandt. Dies geschah noch unter der Regierung Horthy. Inoffiziell ein Vertreter Präsident Roosevelts und von den amerikanischen Juden mit unbegrenzten finanziellen Mitteln ausgestattet, konnte Wallenberg einen gewissen Druck auf das schwankende Horthy-Regime ausüben. Mit unglaublichem Engagement und Mut übernahm er die Rolle des Beschützers aller ungarischen Juden: Erst bewahrte er viele von ihnen vor dem Abtransport in die deutschen Vernichtungslager, dann auch vor den brutalen Angriffen der Pfeilkreuzlerbewegung.

Der Wendepunkt dieser Geschichte trat ein, als seine Arbeit den in Ungarn einmarschierenden Russen ein Dorn im Auge war und sie ihn verhafteten.

1942 hatten die Nationalsozialisten auf der Wannsee-Konferenz den Entschluss gefasst, die mehr als zehn Millionen Juden Europas zu vernichten. Wahrscheinlich erfuhren die Alliierten schon bald über ihre Geheimdienste davon, spätestens jedoch noch im selben Jahr nach Veröffentlichung von Berichten des Roten Kreuzes, neutraler Diplomaten und geflohener Juden.

Die großen drei, Großbritannien, die USA und die Sowjetunion, reagierten mit fast unglaublicher Gleichgültigkeit. Die Briten fürchteten, jeder Versuch, die Juden zu retten, würde zu einem Massenansturm auf ihr Mandatsgebiet in Palästina führen und damit sowohl das wacklige Gleichgewicht mit den dortigen Arabern als auch das allgemeine Klima im von den Briten beherrschten Nahen Osten stören. Die US-Regierung, deren Land einst als Zufluchtsstätte für Freiheitssuchende gegolten hatte, lehnte es ab, Einreisegenehmigungen in größerer Zahl zu erteilen, und ordnete stattdessen eine strikte Einwanderungskontrolle an. Erst 1944 startete Franklin Roosevelt, der für seine Wiederwahl die Stimmen der Juden brauchte, eine Kampagne zur Rettung der europäischen Juden. Zu diesem Zeitpunkt waren jedoch fast alle jüdischen Gemeinden Europas in den Osten deportiert worden und kamen allmählich in den Bereich nicht der amerikanischen, sondern der sowjetischen Armee.

Nicht nur die Nationalsozialisten, auch Stalin verabscheute die Juden. Unter dem sowjetischen Diktator wurde jeder, der sich für sie einsetzte, zum Schweigen gebracht. Von dieser Seite konnten Juden also auch nicht auf Hilfe hoffen.

Kurz nach der Eroberung Budapests durch die Rote Armee wurde Raoul Wallenberg dort verhaftet, angeblich wegen Spionageverdachts. Es ist sicher, dass er nach Moskau in ein Gefängnis gebracht wurde. Was seither mit ihm geschah, bleibt bis heute ungeklärt. Auf schwedische Anfragen hin wurden vom Kreml drei widersprüchliche Meldungen über seinen Tod veröffentlicht, doch die Aussagen verschiedener freigelassener Gefangener deuten darauf hin, dass er noch zwanzig Jahre nach seinem Verschwinden in Gefängnissen, einem arktischen Arbeitslager und einer psychiatrischen Klinik gesehen wurde.

Der Autor dieses Buches erläutert die sowjetischen Erklärungen und die gegenteiligen Zeugenaussagen. Dieses Buch ist eine von verschiedenen Veröffentlichungen neben zahlreichen Fernsehdokumentationen, Bittschriften und organisierten Briefaktionen. Da es keine Gewissheit über Wallenbergs Tod gibt, erklärte Amnesty International ihn mit Recht zum „Gewissensgefangenen" und setzt sich für ihn ein.

Peter Benenson,
Gründer von „Amnesty International",
zur Erstausgabe 1986

Teil 1

Der Auftrag

1.
Ein schwedischer Diplomat
in geheimer Mission

1944, auf dem Weg nach Auschwitz ...

Wallenberg tritt aus dem Schatten wie ein geheimnisvoller Held; er erscheint, als alle Hoffnung verloren und jedes Herz vor Angst erstarrt ist. Ein schwarzes Buch fest unter den Arm geklemmt, bewegt er sich schnell zwischen den vielen Menschen hindurch, die dicht aneinandergekauert in dem trostlosen, dunklen Backsteingebäude an der ungarisch-österreichischen Grenze liegen. Mit dem schwarzen Ledermantel und dem Hut wirkt er unscheinbar, fast verweichlicht. Aber dieser Eindruck täuscht! Mit leiser Stimme wendet er sich an die Gefangenen: „Ich möchte Ihnen allen gern helfen, aber bitte verzeihen Sie mir, ich kann nur wenige retten." Er spricht wie zu sich selbst, in gedämpfter Lautstärke. „Ich muss die Jungen zuerst befreien; ich habe so wenig Zeit ..."

Mit wenigen Blicken nimmt er das jammervolle Bild im dunklen Raum in sich auf. Ungarische Jüdinnen, junge Mädchen und ältere Menschen, sind nach einem qualvollen 240-Kilometer-Fußmarsch von Budapest bis hierher vor Erschöpfung zusammengebrochen. Von Durchfall geschwächt, ausgedörrt und hungrig, vom Schmutz und Staub der Reise bedeckt, von Läusen geplagt, ohne privaten Bereich für Hygiene sind sie an die österreichische Grenze gestolpert. Von hier sollen sie wie Schlachtvieh in Güterzüge geschoben und nach Auschwitz transportiert werden. An ihrer Brust ist ein gelber Stern befestigt: das Zeichen ihres Todesurteils.

Wallenberg sieht diesen Menschen an, dass viele von ihnen wohlhabend und stolz gewesen sind, unberührt vom Schicksal der Juden in den benachbarten Ländern. Jetzt sind sie wie benommen. Völlig entgeistert und wie unter Schockeinwirkung starren sie vor sich hin, ohne ihre Lage zu begreifen; stumm, niedergeschmettert von dem furchtbaren Schicksal, das ihnen droht. Unfähig zu glauben, was sie gesehen und erlebt haben, gefangen in einem grauenvollen Albtraum, ohne irgendeine Hoffnung.

Der Todesmarsch hat ihnen den letzten Rest ihrer Würde genommen. Wie in Trance kämpften sie sich vorwärts, hilflos den höhnischen Bemerkungen und Flüchen der Gestapo-Aufseher und der ungarischen Gendarmen ausgesetzt. Müde Nachzügler erhielten brutale Kolbenschläge in den Rücken. Wer nicht Schritt halten konnte, brach zusammen und wurde in Matsch und Schlamm am Straßenrand dem Tod überlassen. Im eiskalten Regen bewegte sich die Kolonne durch die ungarische Landschaft vorwärts, an ländlichen Steinhäusern vorbei. Von zuckenden Blitzen begleitet, krachten gewaltige Donnerschläge am Himmel, wie ein Wehklagen für die, die nicht mehr weinen konnten, und ein Totengeläut für die, die gefallen waren.

Adolf Eichmann hatte zuvor Ungarn in sechs Zonen aufgeteilt. Da die Deportation der Budapester Juden im Ausland für Aufsehen gesorgt hätte, beschloss man, sie zuletzt zu deportieren. Die Deportationen der ungarischen Juden hatte am 27. April 1944 begonnen. Als Wallenberg im Juni in

Budapest eintraf, waren bereits 437402 Personen in die KZs deportiert worden.

Obwohl Hitlers gefürchtete Gestapo die europäischen Juden fast überall systematisch vernichtet hatte und Gerüchte über die „Endlösung" auch nach Ungarn gedrungen waren, hatten sich die jüdischen Gemeinden dort vor diesem Krebsgeschwür sicher geglaubt. Das änderte sich mit dem Pochen an der Tür um Mitternacht. Mütter pressten ihre Kinder an sich, als sie in die überfüllten Waggons stiegen. Wer sich widersetzte, erhielt kurzerhand eine Kugel in den Kopf. Und dann schließlich die Todesmärsche zur österreichischen Grenze. Die schlimmsten Ängste bestätigten sich – es gab kein Entrinnen vor dem Henker.

Die Frauen und Männer erkennen den Schweden sofort. Sein legendärer Ruf eilt ihm voraus. „Das ist Wallenberg", flüstert eine ältere Frau. „Retten Sie uns, bitte retten Sie uns – wir werden alle sterben!", geht ein Schrei durch den Raum, als sich ihre Stimmen zu dieser einen Bitte vereinigen und den geheimnisvollen Mann anflehen, sie mit dem Wink eines Zauberstabes in ihre friedlichen Häuser zurückzubringen.

Selbst Raoul Wallenberg war nicht gefasst auf das Bild der Erniedrigung und Demütigung, das sich ihm hier bietet. Man sieht ihm seine Erschütterung an; manchmal zuckt er zusammen. Diese Bilder werden ihn nicht wieder loslassen – Menschen, die wie Schlachtvieh auf ihr Ende warten.

Auf seinem Gang durch den Raum hält er unter dem einen Arm das schwarze Buch. Immer wieder schlägt er es auf und notiert sich die Namen der Personen, mit denen er spricht. Er wiederholt seine Worte, damit sie auch im letzten Winkel der Scheune jeder hört: „Bitte verzeihen Sie mir. Sie müssen mir verzeihen. Ich wünschte, ich könnte Ihnen allen helfen. Ich habe den Auftrag, die jüdische Nation zu retten. Ich kann nur ein paar Hundert retten, ich muss mich vor allem um die Jungen kümmern."

Mitten in Gestank, Schweiß und einer Traube von Menschen, die alle seine Aufmerksamkeit auf sich lenken wollen, fällt sein Blick auf eine junge Frau in einer dunklen Ecke. Sie liegt auf dem kalten, feuchten Boden, wo sie hingekrochen ist. Sie fühlt sich schwach und fast unfähig, sich zu bewegen, als habe alle Kraft ihren Körper verlassen. Obwohl sie jung ist, knapp siebzehn Jahre, haben der Marsch von Budapest und die entsetzlichen Erlebnisse unterwegs sie fast umgebracht.

Sie hat einen starken Überlebenswillen, aber es gelingt ihr nicht, ihre Sinne zusammenzunehmen und ihren Körper aufzurichten, um sich an diesen geheimnisvollen Mann zu wenden. Sie beobachtet ihn genau und verfolgt jede seiner Bewegungen mit den Augen, bis sich ihre Blicke für einen winzigen Moment begegnen.

„Ich dachte nicht, dass er mir wirklich helfen würde", erinnert sie sich später. „Ich weiß noch, wie überrascht ich war, dass er so gut aussah – und so sauber – in seinem Ledermantel, wie ein Wesen aus einer anderen Welt, und ich dachte: Warum gibt er sich mit so elenden Geschöpfen wie uns überhaupt ab?"

Als sie ihn sagen hört, dass er die jüdische Nation retten will, bekommt sie Herzklopfen. „Ich hatte noch nie zuvor etwas von einer jüdischen Nation gehört. Von dem jüdischen Volk, das schon, aber nicht von einer jüdischen Nation." Zu diesem Zeitpunkt droht Hitlers „Endlösung"; das Ziel des Dritten Reiches ist die vollständige Vernichtung von bis zu elf Millionen europäischen Juden.

Vorsichtig steigt Wallenberg über die im Raum liegenden Menschen und nähert sich der jungen Frau. Er beugt sich zu ihr hinunter und sieht ihr offen ins Gesicht. Seine Augen sind freundlich und sanft. „Wie heißen Sie?", fragt er mit seiner beruhigenden und tröstenden Stimme. Sie spürt, dass er hinter ihre Scham und Erniedrigung sieht. Flüsternd antwortet sie ihm, versucht, den Lärm zu durchdringen, den seine Anwesenheit in der Scheune verursacht. Er hält das Buch mit einer Hand und kritzelt mit seinem silbernen Füller schnell eine Notiz hinein: Miriam Herzog ...

Im nächsten Moment ist er verschwunden. Die Begegnung dauerte nur wenige Sekunden, aber sie rettete Miriam Herzogs Leben; diese kostbaren Augenblicke würde sie niemals vergessen.

Susanne Tabor, eine weitere junge Frau, geriet bei einer anderen Gelegenheit unter den Schutz des legendären schwedischen Diplomaten. Sie erklärt, was ihr die Begegnung bedeutete: „Er gab mir wieder das Gefühl, ein Mensch zu sein. Zum ersten Mal schöpfte ich wieder Hoffnung. Ich glaube, jeder von uns fühlte sich anders nach seinem ersten Besuch. Er zeigte uns, dass wir keine Tiere waren, dass sich jemand um uns kümmerte. Die entscheidendste Erfahrung für uns war, dass er selbst kam, persönlich. Für uns blieb er stehen, für jeden Einzelnen von uns ..."

In der Zeit der brutalen Todesmärsche, die sich der berüchtigte SS-Führer Adolf Eichmann ausgedacht hatte und bei deren Durchführung Tausende ungarischer Juden ums Leben kamen, verbreiteten sich die Nachrichten vom beinahe unglaublichen Wirken Raoul Wallenbergs in kürzester Zeit. Wie Miriam Herzog wurden viele durch die persönliche Begegnung mit dem schwedischen Diplomaten buchstäblich in letzter Minute vor dem Tod bewahrt. Wallenberg veranlasste, dass jedem, den er erreichen konnte, durch Pässe, Reisepapiere und frei erfundene Dokumente, die manchmal nur aus Papierfetzen bestanden, sichere Durchreise gewährt wurde. Er setzte sich für die Gejagten und zum Tode Verurteilten mit dem Eifer eines von Gott beauftragten Mannes ein. Sein Wagemut kannte keine Grenzen. Mit charismatischer Energie trat er den Kampf gegen die bösen Mächte des Nationalsozialismus an und weigerte sich, eine Niederlage hinzunehmen.

Raoul Wallenberg wurde 1944, in den letzten Tagen von Hitlers Völkermord, mit einem geheimen Auftrag vom amerikanischen Präsidenten Franklin Roosevelt nach Ungarn geschickt. Seine Aufgabe war, Juden zu retten. Nachdem der amerikanische Präsident und das Außenministerium in einem Bericht beschuldigt worden waren, den Völkermord an den Juden zu dulden, gründete Franklin D. Roosevelt den „War Refugee Board" (Kriegsflüchtlingsrat). Dieser machte es sich zur Aufgabe, den Holocaust endlich zu stoppen. Daher äußerte sein amerikanischer Vertreter, Herschel V. Johnson, die Bitte gegenüber seinem schwedischen Kollegen Iver C. Olsen um einen schwedischen Gesandten in Ungarn, der sich dort für die Juden einsetzen sollte. Auch der Jüdische Weltkongress bat um Hilfe. Wallenberg war dann der Legationssekretär der schwedischen Gesandtschaft, der sich ausschließlich um die Rettung der Budapester Juden kümmerte.

Irgendwo in den Straßen Budapests wurde dieser Auftrag 1944 zu einem persönlichen Kreuzzug, als die einsame Gestalt Wallenbergs den Kampf gegen seinen Widersacher Adolf Eichmann aufnahm. Die beiden Männer verkörperten das klassische Ringen von Gut und Böse in einer Welt, die vor dem Zusammenbruch stand.

Bald ist Budapest täglich dem heftigen Feuer der vorrückenden Roten Armee ausgesetzt. Gebäude werden getroffen und stürzen zusammen. In den Straßen liegen Leichen. Eine Welle von Gesetzlosigkeit und Terror geht über die Stadt. Bewaffnete Banden machen die Straßen Budapests unsicher und bedrohen unschuldige Menschen. Obwohl der Krieg so gut wie vorbei ist, werden die Juden aufgespürt und ermordet. In einem oft wiederholten grausamen Spiel werden drei Juden mit Handschellen aneinandergekettet und am Ufer der Donau aufgestellt. Der in der Mitte Stehende wird von hinten erschossen und fällt kopfüber in das eiskalte Wasser, wobei er die anderen beiden schreienden Männer mitreißt. Sadistisches Gelächter folgt, wenn die zwei Köpfe sich im Wasser auf und ab bewegen und darum kämpfen, an der Oberfläche zu bleiben, während die Leiche, an der sie hängen, sie nach unten zieht. Gelegentlich macht ein junger Bewaffneter Schießübungen auf die immer wieder verzweifelt auftauchenden Köpfe, bis sie schließlich in der Donau untergehen.

Der auf Wallenbergs Kopf ausgesetzte Preis erhöht sich, als schließlich bewaffnete Killer auf ihn angesetzt werden. Der ohnehin bereits von der Gestapo und den Schergen der faschistischen Regierung gejagte Wallenberg geht in den Untergrund. Er schläft nie mehr als zwei Nächte hintereinander in derselben Wohnung und entwickelt einen sechsten Sinn für lauernde Gefahren. Er wird gewarnt, dass er der meistgesuchte Mann in Pest ist (dem einen Stadtteil von Budapest), und man drängt ihn, zusammen mit den anderen neutralen Diplomaten in Buda, in dem etwas ruhigeren Stadtteil auf der anderen Seite der Donau, Zuflucht zu nehmen.

Er schüttelt den Kopf. „Nein, meine Freunde", sagt er, „ich

kann meine Juden nicht im Stich lassen." Im Untergrund hat Wallenberg erfahren, dass Eichmann ein endgültiges Massaker an der gesamten Budapester jüdischen Bevölkerung plant und sie in ein zentrales Ghetto zusammengetrieben hat. „Wenn ich jetzt gehe", sagt Wallenberg, „dann steht Eichmann nichts mehr im Weg, diesen Schlussakt des Wahnsinns in die Tat umzusetzen. Ich muss bleiben."

Wallenberg weiß, dass er seinen Auftrag erfüllen und die Juden retten kann, wenn er so lange durchhält, bis die Russen Budapest erreicht haben. Es ist ein verzweifelter Wettlauf gegen die Zeit. Jeder Tag zählt.

Endlich, Anfang Januar 1945, marschieren die ersten Russen über die Straßen und Plätze der Stadt. Die Gestapo ist über Nacht geflohen.

Raoul Wallenberg weiß noch nicht, dass sich jetzt ein anderes tödliches Spiel anbahnt. Er hat eine unsichtbare Linie überschritten, steht am Rande eines Abgrunds und merkt nicht, dass der Boden unter seinen Füßen schon schwankt. Herausgerissen aus dem Theater des Krieges, wird er selbst in einem Nebel verschwinden, in einer Gefängniszelle lebendig begraben werden, seine Taten werden nahezu vergessen werden. Aus dem Mann, der als einer der größten Helden des Holocaust geehrt werden sollte, wird eine anonyme, einsame Gestalt, die durch die Gefängniswelt des Archipel Gulag irrt.

Sechs Monate lang hat er mit Eichmann und dem Dritten Reich Katz und Maus gespielt und ist ihnen immer einen Schritt voraus gewesen, bewahrt von der unsichtbaren Hand eines Schutzengels.

Am Morgen des 17. Januar 1945 bricht die Sonne durch einen bewölkten Himmel, funkelt auf den rutschigen Bürgersteigen. In dem unter schwedischem Schutz stehenden Haus in der Tatrastraße 6 spricht Wallenberg mit seinen vertrauten Kollegen, von denen viele in den letzten sechs Monaten deutscher Besetzung unter Eichmann große Gefahren mit ihm durchgestanden haben. Der Leiter des Hauses, Kanzleichef Reszö Müller, betritt mit schnellen Schritten das Zimmer im ersten Stock, als er von Wallenbergs Ankunft hört. Hastig tauschen sie Informationen über Einzelpersonen und Familien aus, denen die Flucht gelungen ist und die sich noch immer in geheimen Schlupfwinkeln in der Umgebung der Stadt versteckt halten. Raoul Wallenberg hat einen großen Sieg errungen. Viele der Juden in Budapest – bis zu 100 000 – sind gerettet, zum größten Teil dank seines Eingreifens und seines Einflusses. Sie sind der einzige größere jüdische Rest, der nach dem Zweiten Weltkrieg noch in Europa lebt.

Er erklärt, dass er in das 200 Kilometer entfernte Debrecen fahren will, wo Marschall Malinowskijs siegreiche Rote Armee ihr Hauptquartier bezogen hat. Er macht sich Gedanken, wie er „seine Juden" und die Feldküchen, Schutz- und Krankenhäuser unter seiner Obhut mit Nahrungsmitteln versorgen kann. Auch möchte er gern über seinen geheimen Plan zur wirtschaftlichen Erholung und Wiederherstellung Ungarns sprechen. Er sagt, dass er mit den Russen bereits Kontakt aufgenommen und von ihnen eine Zwei-Mann-Eskorte bekommen hat: Major Demtschinko wird ihn persönlich nach Debrecen begleiten.

Er spricht lebhaft und angeregt. Müller spürt, dass Gott Raoul Wallenberg bewahrt hat, damit er diese Schicksalsminute auskosten kann.

Wallenberg läuft zum Fenster und schaut vom ersten Stock auf die Tatrastraße. Draußen ist es noch frisch und er fröstelt etwas, als er am geöffneten Fenster steht.

Im Schutt und Staub der Straße kann er seinen treuen ungarischen Fahrer Vilmos Langfelder erkennen, der den Ölstand des Studebakers überprüft und den schicken amerikanischen Wagen für die lange Fahrt vorbereitet. Die Motorradeskorte der Roten Armee hat ihre Fahrzeuge vor dem Studebaker abgestellt und wartet nur noch auf das Signal zum Aufbruch.

Müller und die anderen Mitarbeiter machen sich Sorgen über die beabsichtigte Reise. Die Straßen sind noch nicht sicher. Heckenschützen auf Hausdächern und in engen Gassen entdecken ihre Opfer auch jetzt noch, in letzter Minute. Wenn faschistische Bewaffnete Wallenberg erkennen würden – sofort würde er zur Zielscheibe.

„Es ist immer noch das Kopfgeld auf Sie ausgesetzt", sagt Müller zu Wallenberg, „außerdem steht die Stadt noch unter russischem Artilleriebeschuss. Wir spüren die Erschütterungen hier im Haus."

Die anderen Anwesenden stimmen ihm besorgt zu. Jeder hier im Raum steht in Wallenbergs Schuld und verdankt sein Leben nur seinem persönlichen Eingreifen. Sie betrachten ihn als ihren Freund und Retter. „Warten Sie hier in Budapest; die sowjetische Armee muss in ein paar Tagen hier sein. Ihr Vorhaben ist zu riskant", reden sie auf ihn ein.

Aber Wallenberg ist ungeduldig und weist ihre gut gemeinte Vorsicht zurück. Er hat ja auf jeden Fall den Schutz Major Demtschinkos, und es gibt wichtige Dinge zu regeln. Er erinnert noch einmal daran: Er muss Nahrungsmittel für die Juden beschaffen, und die Russen müssen veranlasst werden, das Artilleriefeuer im Gebiet der schwedischen Gesandtschaft einzustellen, denn dort ist das Leben Unschuldiger in Gefahr. „Ich bin in Sicherheit", wiederholt er, „immerhin habe ich die letzten sechs Monate überlebt; was soll mir jetzt noch zustoßen?"

Er öffnet seine Aktentasche und nimmt ein Bündel Banknoten heraus. Er zählt 100 000 Pengös ab und übergibt sie dem Buchhalter Eugen Birö „für Lebensmittel und andere Ausgaben".

Es ist allgemein bekannt, dass Wallenberg große Geldsummen bei sich trägt und außerdem im Auto Geld versteckt hat. An jenem Tag transportiert er auch Schmuck und andere Wertsachen nach Debrecen. Den Grund dafür erklärt er nicht.

Wallenberg streckt sich und unterdrückt ein Gähnen. Seine Mitarbeiter wissen, was er sich in diesen letzten Wochen abverlangt hat und wie müde er ist. Als er wieder einen Blick aus dem Fenster wirft, sieht er die sowjetischen Soldaten neben ihren Motorrädern stehen. Er beobachtet sie reglos; dann nickt er in ihre Richtung und sagt in scherzendem Ton: „Seht ihr meine Eskorte? Ich weiß nicht, ob sie mich bewachen oder beschützen. Ich weiß nicht, ob ich ihr Gast bin oder ihr Gefangener."

Im Nachhinein stellt sich dieser Scherz als ein prophetisches Wort heraus, dessen Bedeutung alles andere als lustig ist.

In letzter Minute bespricht er noch ein paar Dinge. Dann winkt er Müller und den Mitarbeitern zum Abschied zu, tritt auf die Tatrastraße hinaus und gibt dem wartenden sowjetischen Offizier ein Zeichen.

Wallenberg steigt in den Studebaker, an dessen Steuer Vilmos Langfelder sitzt. Dr. László Petö, ein langjähriger Freund, fährt mit ihnen, aber als der Konvoi das Stadtzentrum verlässt, entscheidet sich Petö im letzten Moment anders und bleibt in Budapest. Er steigt an der Ecke der Benczúr-straße aus. Als er auf dem rissigen, vereisten Gehweg vor der weit aufgerissenen Wagentür steht, verabschieden sich die beiden Männer mit festem Händedruck. Wallenberg ist in „großartiger Laune, in glänzender Laune". Dann startet Vilmos den Wagen wieder, gefolgt von Major Demtschinko und den sowjetischen Soldaten auf ihren Motorrädern.

Dr. Petö wendet sich um und geht in Richtung der schwedischen Häuser. Seine Gedanken sind bei seinen Eltern in Pest, auf der anderen Seite der Donau. Sie haben sich im Untergrund versteckt, und Petö hat die Russen davon reden hören, dass sie Pest bald befreien werden. Voll Sorge denkt er an ihre Sicherheit; deshalb hat er beschlossen, zurückzubleiben und nach ihnen zu suchen.

Einem plötzlichen Impuls folgend dreht er sich noch einmal um, als der Studebaker und seine bewaffnete Eskorte anfahren. Er hebt den Arm, winkt und biegt in eine Seitenstraße ein. Ganz flüchtig erhascht er noch einen Blick auf Wallenberg, der auch lächelt, ein erstarrtes Bild hinter der Autoscheibe.

Es sollte die letzte Erinnerung an Raoul Wallenberg sein. Niemand würde Raoul Wallenberg jemals wieder als freien Menschen sehen.

2.
Der unzufriedene Träumer

Paris 1942

Raoul Wallenberg war jahrelang ein Träumer gewesen. Später sollte er sich vom Träumer zum Visionär entwickeln. Aber was der umherziehende junge Schwede aus einer berühmten Bankiersfamilie 1942 in Paris erlebte, war erst einmal eine rastlose Unzufriedenheit. Er war ein junger Mann, noch keine dreißig Jahre alt, pfiff die damals modernen Melodien und blickte schüchtern einer hübschen jungen Pariserin nach.

Zu Hause in Schweden lebte Raoul in Luxus und Pracht. Die Wallenberg-Dynastie hatte Diplomaten und Botschafter, Bankiers und Bischöfe, Künstler und Professoren hervorgebracht, und man nannte die Familie die „Rockefellers von Schweden". Die Wallenbergs genossen das Wohlwollen des Königshauses, wurden zur High Society gezählt und führten vertraulich politische Verhandlungen für ihr Land. Ihr Imperium umfasste hohe Machtpositionen und ein großes Vermögen, aber Raoul war irgendwie von den inneren Höfen dieses Königreiches ausgeschlossen.

Sein Vater, Raoul Oscar Wallenberg, ein Offizier der schwedischen Marine und Sohn des früheren schwedischen Botschafters in Japan, war drei Monate vor der Geburt seines einzigen Kindes Raoul Gustav an Krebs gestorben. Raoul kam am 4. August 1912 zur Welt. Anfangs war seine schöne Mutter Maj Wissing völlig verzweifelt. „Ich fühle mich innerlich vollkommen leer. Ich weiß nicht, ob ich es schaffe, dieses Kind großzuziehen", vertraute sie ihrer Mutter an. Aber schon bald verursachte ihr kleiner Sohn eine bemerkenswerte Sinnesänderung bei ihr. „Ich hätte nie gedacht, dass ich so glücklich sein könnte. Schon jetzt kümmert er sich um mich", schrieb sie fröhlich.

Raouls Kindheits- und Jugendjahre wurden sehr von seinem Großvater, dem Botschafter Gustav Wallenberg, bestimmt. Der junge Mann reiste in der Weltgeschichte umher, erwies sich als hervorragender Architekturstudent an der Universität von Michigan in Ann Arbor/USA, ging dann nach Südafrika, wo er für schwedische Firmen arbeitete. Später vermittelte ihm sein Großvater eine Anstellung bei einer holländischen Bank in Haifa in Palästina.

In einer billigen, streng koscheren Pension in der Arlosorof-Straße 18, in der er sich ein Zimmer gemietet hatte, tauschten sich der junge Raoul und die anderen Bewohner über Geschichte und Philosophie aus. Die ungefähr 50 000 Juden unter britischer Herrschaft in Palästina waren unzufrieden mit dem Schutz der Behörden. Der Antisemitismus schien weit verbreitet zu sein und sogar gefördert zu werden. Jüdische Flüchtlinge aus Deutschland wussten Schreckliches zu berichten und brachten Gerüchte mit, dass noch schlimmere Dinge geplant waren. Es hatte schon eine öffentliche Verbrennung von Büchern jüdischer und oppositioneller Schriftsteller gegeben. Adolf Hitler wurde in Deutschland als Held verehrt.

Einer von Raouls Bekannten war Ariel Kahane. Er war aus Berlin geflohen und nach Palästina gegangen, um sich dort ein neues Leben aufzubauen und eine Stelle als Architekt zu suchen. Bald fand er in dem jungen schwedischen Bankier einen mitfühlenden Freund. Jahre später erzählte Kahane der Autorin Eleonore Lester: „Wir redeten bis spät nachts miteinander. Ich war damals wahrscheinlich der ärmste Architekt weit und breit und er der reichste. Aber wenn wir uns unterhielten, war von irgendwelchen Standesunterschieden nichts zu merken."[1]

Zum ersten Mal erfuhr der junge Raoul Wallenberg hier von jüdischen Menschen, die antisemitischen Säuberungsaktionen zum Opfer gefallen waren. Gebannt lauschte er bei gemeinsamen Mahlzeiten im Kerzenschein den Berichten junger Männer und Frauen, die mit angespannten, ängstlichen Gesichtern von dunklen und Unheil verkündenden Plänen erzählten.

Er blieb weiterhin ein pflichtbewusster und aufmerksamer junger Banker, aber er fragte sich, ob er dazu verurteilt war, den Rest seines Lebens in einem Tresorraum zu verbringen. Dieser Gedanke war für ihn niederschmetternd. Besorgt schrieb er seinem Vormund und Großvater, dem Botschafter Gustav Wallenberg: „Wenn ich ehrlich bin, fühle ich mich dem Bankwesen nicht besonders verbunden. Ein Bankier sollte etwas von einem Richter an sich haben, Gelassenheit besitzen und außerdem kühl und zurückhaltend sein. Freund (sein Vorgesetzter in Haifa) und Jacob W. (sein Cousin) sind zweifellos Musterbeispiele dafür, aber ich ähnele ihnen kein bisschen. Ich glaube, meinem Charakter entspricht es eher, mich im positiven Sinn für eine Sache einzusetzen, als hinter einem Schreibtisch zu sitzen und den Leuten Nein zu sagen."

Sein Cousin Jacob Wallenberg war einer der Direktoren der im Familienbesitz befindlichen Enskilda-Bank und hielt das Ruder des Wallenberg-Imperiums in der Hand. Auch Jacobs Bruder Marcus spielte bei der Machtverteilung eine bedeutende Rolle. Jacob und Marcus sollten später in den turbulenten Kriegsjahren für ihr Land sehr wichtig werden.

Obwohl es kurzfristige Aufgaben für ihn gab, konnten die Wallenbergs für ihren rastlosen Cousin Raoul keinen freien Schreibtisch finden, der ihm zusagte, und er entzog sich dem Einfluss der Familie.

Den berühmten Namen Wallenberg zu tragen bedeutete für Raoul in jungen Jahren recht wenig. Mit nur geringer Hilfe der Familie schlug er eine neue Laufbahn als Unternehmer ein. Er tat sich mit dem ungarischen Juden Koloman Lauer zusammen, dem Besitzer einer Import-Export-Firma in Schweden, die sich auf den Handel von Lebensmitteln zwischen Schweden und Mitteleuropa spezialisiert hatte. Da die Wehrmacht immer mehr Länder Europas eroberte, konnte Lauer als Jude kaum mehr reisen und war auf seinen neuen „Handelsvertreter" angewiesen. So befand sich der junge Wallenberg im Januar 1942 wieder in Paris.

Aber der Glanz und die funkelnden Lichter des Pariser Nachtlebens trübten sich für Wallenberg ein, denn seine Geschäftskontakte brachten ihn jeden Tag mit der jüdischen Gemeinde zusammen.

Frankreich war von den Deutschen besetzt worden, und Adolf Eichmann baute eifrig seinen Ruf als tüchtiger und rücksichtsloser Vertreter der „Endlösung" auf.

In Dachau, Buchenwald und Auschwitz waren Konzentrationslager errichtet worden – ihre Namen sollten Symbole für totale Unmenschlichkeit werden. Von Frankreich aus hatten Deportationen begonnen, und eine systematische Suchaktion hatte das Schicksal von 3649 polnischen Juden in Frankreich bereits entschieden. Sie waren in primitive Internierungslager gesteckt worden, über die sadistische französische Wächter die Aufsicht hatten. Eine durch Hunger, Kälte, Krankheit und Misshandlung ständig steigende Todesrate in diesen Lagern beunruhigte die jüdische Gemeinde.

Zwei Pariser Synagogen wurden wiederholt das Ziel von Bombenanschlägen, und der jüdischen Gemeinde wurde eine „Geldstrafe" von einer Milliarde Francs auferlegt. Wenige Tage später erlitten die französischen Juden die nächste Demütigung, als sie gezwungen wurden, an der Außenseite ihrer Kleidung einen gelben Stern zu tragen.

Wallenbergs Auftrag in Paris brachte ihn in unmittelbare Berührung mit den Problemen der französischen Juden, und diese schwer auf ihm lastenden Bilder erinnerten ihn wieder an die Geschichten, die er bei nächtlichen Gesprächen in der Pension in Haifa gehört hatte. „Was soll nur aus den europäischen Juden werden …?", fragte er sich.

Berlin 1942

Wallenberg wusste nicht, dass eine einflussreiche Runde der Mächtigen sich in einem eleganten Berliner Vorort die gleiche Frage stellte. Ein Mann in ihrer Mitte hatte bereits die Antwort gegeben: Vernichtung! Der Holocaust, die „Endlösung", hatte schon begonnen. Jetzt mussten nur noch die praktischen Einzelheiten für eine systematische Durchführung ausgearbeitet werden.

Am 20. Januar 1942 fand in einer geräumigen Villa am Wannsee am Stadtrand von Berlin eine Konferenz statt, die in der Geschichte der europäischen Juden einen Wendepunkt markieren sollte.

SS-Obergruppenführer Reinhard Heydrich, auch „Blonde Bestie" genannt, schob seinen schweren Ledersessel zurück, stand langsam auf und betrachtete die sechzehn Anwesenden – hohe Beamte und führende Offiziere der Gestapo und SS –, die sich in diesem prächtigen Raum versammelt hatten. Neben ihm saß der Kopf der Gestapo-Abteilung IV B4 für Judenangelegenheiten, SS-Obersturmbannführer Adolf Eichmann, und hielt Block und Bleistift bereit. Seine Stunde war gekommen.

Eichmann hatte sich durch die Dienstgrade nach oben gearbeitet und war zu einer ansehnlichen Machtposition innerhalb der SS gekommen. Seine besonderen Fähigkeiten in rationeller Verwaltung, Organisation und Logistik waren aufgefallen. Er hatte hart für dieses Treffen gearbeitet und die Tagesordnung für die Konferenz vorbereitet. Sechzehn Exemplare waren fein säuberlich mit Anweisungen und Hintergrundinformationen für die Repräsentanten der Unterabteilungen von Staat, Polizei und SS zurechtgelegt worden.

Heydrich war kein demagogischer Redner wie Adolf Hitler, aber hinter seinen Worten stand die Autorität des „Führers". Es war ratsam, ihm gut zuzuhören!

„Meine Herren, ich danke Ihnen für Ihr Kommen. Sie wissen alle, warum wir hier sind." Nach den einleitenden Worten stellte er jeden der Anwesenden vor. Eichmann lächelte und verbeugte sich leicht, als seine Rolle bei der Konferenz zur Kenntnis genommen wurde.

Viele der höheren SS-Leute wussten bereits, was Heydrich sagen würde. Vor wenigen Tagen hatte er den Kommandanten von Auschwitz, Rudolf Höß, zu sich kommen lassen und ihm mitgeteilt, dass Hitler ihn mit einer gewaltigen Aufgabe betraut hatte. Nun stand Heydrich vor den versammelten

Offizieren und sagte mit ruhiger und gelassener Stimme, ihr geliebter Führer habe ihm eine ernste Verantwortung auferlegt. Er habe den Auftrag, eine umfassende Lösung der „jüdischen Frage" im deutschen Einflussgebiet Europas herbeizuführen.

Niemand rührte sich. In die Stille hinein fuhr Heydrich fort, Europa müsse von Ost bis West durchkämmt werden. Sie müssten die Verhältnisse klären, Gruppe für Gruppe. Sie würden „das Judenproblem" ein für alle Mal lösen.

Er machte eine Pause und fügte dann hinzu, endlich werde Europa „judenrein" sein!

Die sechzehn Anwesenden blieben noch immer still. Im hinteren Teil des Saales hustete jemand. Der Raum schien plötzlich enger zu werden. Eichmann saß auf dem Rand seines Stuhls und verfolgte aufmerksam jedes Wort.

Heydrich setzte seine lange Rede fort; er machte kleine Pausen, um seine Worte ins Bewusstsein der Zuhörer dringen zu lassen. Als er das passende Wort zur Beschreibung des endgültigen Schicksals der jüdischen Bevölkerung suchte, stockte er einen Moment. Es sei ein kühnes Vorhaben. Er hob seinen Arm und ließ ihn wieder sinken. Millionen Menschen müssten aufgespürt, in Listen erfasst, festgenommen und zusammengeführt werden, und dann … Wieder hielt er mitten im Satz inne. „Und dann werden sie … deportiert." In frischerem Ton fügte er hinzu: „Und umgesiedelt." Es klang endgültig.

Heydrich sprach weiter über den Befehl des „Führers" und erklärte, die Pflicht zur Erfüllung dieser Aufgabe und zur Durchführung des „Umsiedelungsprogramms" (wie das Vernichtungsprogramm offiziell genannt wurde) sei der SS zugefallen. Er wandte sich an Eichmann, der gelassen neben ihm saß, und sagte, sie seien SS-Obersturmbannführer Eichmann sehr dankbar für seine Vorbereitungen der Tagesordnung und all der anderen wertvollen Papiere für die Konferenz. Heydrich bezog sich auf eine Reihe von Unterlagen, in denen die Zahlen der in jedem europäischen Land lebenden Juden genau angegeben waren.

Ihr Ziel für das Umsiedelungsprogramm seien elf Millionen Menschen. Sie hätten kein leichtes Unterfangen vor sich, aber sie hätten die Fähigkeiten, es auszuführen. Es werde ein bedeutsames Ereignis sein, und ihre Rolle in solch einem historischen Unterfangen werde in den kommenden Zeiten nicht vergessen werden.

Wie auf ein Signal hin begannen die Anwesenden eine lebhafte Diskussion. Einige Fragen über das Schicksal von Halbjuden mussten geklärt werden. Heydrich schwieg, als einige Anwesende äußerten, die Aktion müsse jeden betreffen, der jüdisches Blut in sich habe. Nur wenige kannten das Gerücht, dass Heydrich selbst eine jüdische Großmutter in seinem Stammbaum habe.

Jeder verstand die Bezeichnung „Umsiedelungsprogramm". In Wirklichkeit war die Strategie der „Endlösung" schon seit über einem Jahr angewendet worden, und mehr als eine Million Menschen waren den Maschinengewehrkommandos, den Nazitruppen in der Sowjetunion und den brutalen Pogromen in Polen zum Opfer gefallen.

Wen das rein organisatorische „Problem" der Vernichtung von elf Millionen Menschen entmutigte, dessen Sorge wurde schnell zerstreut. Obwohl einige der an der Konferenz teilnehmenden Gestapo-Offiziere vorher informiert worden waren, schwieg doch die ganze Gruppe gespannt, als sie in groben Zügen mit der ausgeklügelten Strategie vertraut gemacht wurden.

Die Juden würden ausfindig gemacht und erfasst werden, bevor die Deportationen anfangen konnten. Die Gesünderen würde man als kostenlose Arbeitskräfte für die Produktion von Kriegsmaterial einsetzen. Das war das Mindeste, was sie tun konnten, schließlich befand man sich im Krieg.

Aber wie war die Beseitigung der Leichen zu bewältigen? Für diesen Moment hatte sich Adolf Eichmann vorbereitet. Nun nahm er den weiteren Verlauf der Konferenz in die Hand. Er genoss sichtlich seinen Auftrag. Heydrich hatte den Befehl zur Vernichtungsaktion erhalten, aber es war Eichmann, der das Unternehmen steuerte.

Die Technik des Völkermords würde mit der bereits bestehenden Maschinerie verbunden werden. Die Waggons wurden gerade zusammengestellt, vorbereitet und an die Ausgangsorte gebracht. Organisatoren wie Ideologen waren zuversichtlich, dass sie jetzt endlich die Mittel zum Erfolg gefunden hatten. Man brauchte nur noch ein paar letzte Handgriffe.

Am 1. März 1941 war Himmler nach Auschwitz gekommen und hatte nach einer Musterung des Geländes den Befehl zum Bau eines Konzentrationslagers gegeben. Es sollte „die größte Menschen-Vernichtungs-Anlage aller Zeiten"[2] werden. Himmler erklärte gegenüber Höß: „Die bestehenden Vernichtungsstellen im Osten sind nicht in der Lage, die beabsichtigten großen Aktionen durchzuführen. Ich habe daher Auschwitz dafür bestimmt."[3] Trotz der Einwände, dass Schwierigkeiten mit der Kanalisation und Wassermangel den Plan zum Scheitern bringen würden, blieb Himmler hartnäckig. Bei einem Treffen führender Mitarbeiter erklärte er, es werde gebaut. Seine Gründe für den Bau seien wesentlich wichtiger als diese Einwände.

Im Herbst 1941 waren russische Kriegsgefangene auf einen geheimen Befehl Hitlers nach Auschwitz gebracht worden. Sie mussten sich nebeneinander in einer Kiesgrube aufstellen, in der Nähe der Versorgungsgebäude, wo Kleider und Ausrüstung für die SS-Mannschaft aufbewahrt wurden. Ein Russe nach dem andern wurde getötet.

In einer Nacht ließ Fritzsch, der Stellvertreter von Höß in Auschwitz, eine Gruppe sowjetischer Soldaten in eine der unterirdischen Haftzellen der Lagergebäude kommen. Schöpften sie Hoffnung auf Befreiung? Nachdem sie eingeschlossen worden waren, setzte Fritzsch sich eine Gasmaske auf, packte einen Gaskanister und ließ den Inhalt in die Zelle strömen. Die völlig überrumpelten Soldaten fassten sich an die Kehle und griffen in die Luft. Die Männer an den Wänden und bei der Tür hämmerten mit ihren Fäusten gegen Beton und Holz und warfen sich dagegen. Innerhalb weniger Sekunden sackten die erlahmten, leblosen Körper auf den Boden der Zelle. Im nächsten Augenblick war alles vorbei, und dieser bemerkenswerte „Erfolg" wurde direkt an Höß gemeldet.

Im Lager von Auschwitz war man auf etwas Ungewöhnliches gestoßen, vielleicht sogar etwas „Historisches". (Dass die Tötung von Kriegsgefangenen gegen internationales Recht verstieß, kümmerte die Nazis nicht; d. Übers.) Begeistert von der Effektivität dieser Tötungsart bestand Höß auf einem weiteren Experiment. Er wollte es persönlich sehen.

Gleich der nächste Transport sowjetischer Kriegsgefangener wurde direkt in die Haftzellen von Gebäude II gebracht. Höß erinnert sich: „Ich selbst habe mir die Tötung, durch eine Gasmaske geschützt, angesehen. Der Tod erfolgte in den vollgepfropften Zellen sofort nach Einwurf. Nur ein kurzes, schon fast ersticktes Schreien, und schon war es vorüber.

So recht zum Bewusstsein ist mir diese erste Vergasung von Menschen nicht gekommen, ich war vielleicht zu sehr von dem ganzen Vorgang überhaupt beeindruckt."[4]

Kurz danach öffnete das sogenannte Alte Krematorium von Auschwitz seine Tore, und ein neuer Transport von diesmal 900 sowjetischen Kriegsgefangenen wurde direkt „zum Entlausen" in die Leichenhalle aus Beton geschickt. Von dieser Begebenheit schreibt Höß: „Wie lange diese Tötung gedauert hat, weiß ich nicht. Doch war eine geraume Weile das Gesumme noch zu vernehmen. Beim Einwerfen schrien einige ‚Gas', darauf ging ein mächtiges Brüllen los und ein Drängen nach den beiden Türen. Diese hielten aber den Druck aus."[5]

Voll Zuversicht auf den Erfolg seines Unternehmens schreibt Höß ganz sachlich: „Über die Tötung der russischen Kriegsgefangenen an und für sich machte ich mir damals keine Gedanken. Es war befohlen, ich hatte es durchzuführen."[6]

Das verwendete Gas war Zyklon B, dessen Name aus den Abkürzungen seiner wichtigsten Bestandteile zusammengesetzt war: Blausäure (Zyanid), Chlor und Stickstoff (Nitrogenium). Zyklon B wurde während des Zweiten Weltkriegs von den I.G. Farben in Hoechst als Desinfektionsmittel angeblich nur zur Vernichtung von Ratten, Kakerlaken und anderem Ungeziefer, das die Lager verseuchte, hergestellt. Nach der Aufschrift auf den Etiketten der Zyklon-B-Verpackungen handelte es sich um Gift zur Vernichtung von Parasiten. Es wurde in großen Mengen hergestellt und konnte in trockenen, geschlossenen Kanistern oder Tonnen gelagert werden. Der Zyklon-B-Vorrat in Auschwitz wurde nie im Krematorium selbst aufbewahrt; vor den Vergasungen brachte jeweils ein Rotkreuzwagen mehrere Kanister. Sobald die Kügelchen der Luft ausgesetzt waren, verwandelten sie sich in hochgiftiges Gas.

Dr. Miklos Nyiszli, ein ungarischer Arzt, der als Helfer für Josef Mengele arbeiten musste, schreibt: „Bei jedem Transport war es das Gleiche. Rotkreuzwagen brachten das Gas von draußen. Es gab nie einen Vorrat davon im Krematorium. Die Sicherheitsmaßnahmen waren skandalös, aber noch skandalöser war die Tatsache, dass das Gas in einem Wagen angeliefert wurde, der das Zeichen des Roten Kreuzes trug."[7]

Bei den Nürnberger Prozessen behaupteten Verantwortliche der I.G. Farben, dass Zyklon B nur als Desinfektionsmittel hergestellt worden sei. Dr. Nyiszli wies aber in seiner Zeugenaussage darauf hin, dass zwei verschiedene Arten des Zyklon-Gases produziert wurden. Sie wurden in den gleichen Behältern angeliefert, die nur anhand der Kennzeichnung A bzw. B zu unterscheiden waren. Typ A diente wirklich nur zur Desinfektion; Typ B wurde zur Vernichtung von Millionen von Menschen verwendet.

Die Nachricht über die Zyklon-B-Experimente von Fritzsch und Höß verbreitete sich in der ganzen SS. Das war genau der „Durchbruch", auf den man gewartet hatte. Höß wurde im Sommer 1941 nach Berlin gerufen, nur wenige Monate vor der Wannsee-Konferenz. In Himmlers Privatbüro erfuhr er unter vier Augen: Der Führer habe befohlen, dass die „Judenfrage" schnellstens und ein für alle Mal gelöst werde und dass sie, die SS, diesen Auftrag ausführten. Die Juden seien die erklärten Feinde des deutschen Volkes und müssten ausgelöscht werden. Jeder Jude, den sie in die Hände bekommen könnten, müsse vernichtet werden.

Eichmann war so aufgeregt wegen der Versuche, dass er persönlich nach Auschwitz kam, um Informationen über die

Wirkung von Zyklon B aus erster Hand zu erhalten. Man beschloss, es für die Massenvernichtung einzusetzen.

Die Wannsee-Konferenz im Januar 1942 wurde als überwältigender Erfolg angesehen. Die sechzehn Teilnehmer waren nun überzeugt, dass das fast unmögliche Ziel der Vernichtung von bis zu elf Millionen europäischer Juden erreicht werden konnte. Wie Höß aufgezeigt hatte, besaßen sie das nötige Gas, und Auschwitz hatte seine Wirksamkeit bewiesen.

Und das sei das Ende der Konferenz, rief Heydrich aus, das Ende eines historischen Treffens, ja, eines Meilensteins der deutschen Geschichte. Wenn Europa erobert und endlich „judenrein" sei, würden sie sich alle an diesen historischen Tag erinnern, den 20. Januar 1942. Und jetzt sei es Zeit, auf „unseren Führer" zu trinken.

Ein Bursche wurde losgeschickt, um Getränke zu organisieren, und eine festliche Stimmung breitete sich in der Gesellschaft aus. Trotz der vom Krieg verursachten Lebensmittelknappheit wurden für die Teilnehmer der Wannsee-Konferenz ein großartiges Festessen und allerlei Spirituosen aufgetischt. Heydrich, Gestapo-Chef Heinrich Müller und Eichmann hielten sich noch eine Weile am wärmenden Kamin auf und sprachen über vergangene Siege und zukünftige Triumphe.

Als Eichmann später in einem Interview mit einem holländischen Journalisten in Argentinien an dieses Ereignis zurückdachte, erschien in seiner nostalgischen Erinnerung eine singende und trinkende Gruppe: Nach einer Weile seien sie auf die Stühle gestiegen und hätten sich zugeprostet, dann auf den Tisch und dann rundherum – auf die Stühle und wieder auf den Tisch. Heydrich habe es ihnen beigebracht.

Es sei ein alter norddeutscher Brauch. Nach ihrer Konferenz „gönnten" sie sich nach so vielen strapaziösen Stunden eine Pause.

Eichmann konnte seine Aufregung über die Ergebnisse der Wannsee-Konferenz kaum verbergen. Er war von dieser Aufgabe begeistert und sah darin eine fantastische Gelegenheit, sich einen Namen zu machen. Auch wenn es Heydrich war, dem der „Führer" die Verantwortung übertragen hatte – Eichmann nahm die Angelegenheit fest in die Hand. Es gab keine Sekunde zu verlieren.

Der Countdown für die europäischen Juden begann.

3.
Auschwitz

Stockholm 1942

Zu Beginn der Vierzigerjahre reiste der junge Unternehmer Raoul Wallenberg durch Frankreich, Deutschland, die Schweiz und Ungarn und genoss es, geschäftlich zu verhandeln. In Deutschland fiel ihm die peinliche Einhaltung bürokratischer Regeln auf, und auf all seinen Reisen konnte ihm die wachsende Judenfeindlichkeit nicht entgehen.

Als Mann von Welt ging er mit verschiedenen attraktiven Frauen aus. Für Mannschaftssport hatte er nichts übrig, aber er trainierte regelmäßig für sich und hielt sich in Form. Gleichzeitig erfreute er sich zu Hause an dem erlesenen Weinkeller, den ihm sein Großvater vermacht hatte. Im Übrigen verbrachte er sein Junggesellenleben ruhig und friedlich im neutralen Schweden; mit dem tobenden Weltkrieg wurde er nur auf seinen Geschäftsreisen durch das europäische Ausland direkt konfrontiert. In Schweden war er weit entfernt von all dem Elend, das inzwischen das Leben vieler Millionen Menschen eingeholt hatte. Ein damaliger Bekannter erinnert sich jedoch, dass Wallenberg gelegentlich sehr niedergeschlagen schien: „Ich hatte das Gefühl, er wollte mit seinem Leben lieber etwas Sinnvolleres anfangen."

An einem Winterabend des Jahres 1942 besuchten Raoul und seine Halbschwester Nina eine private Filmvorführung des Anti-Nazithrillers *Pimpernel Smith* in der britischen Botschaft in Stockholm. Der Film erzählt die Geschichte eines zerstreuten Professors, gespielt von dem bekannten britischen Schauspieler Leslie Howard (einem ungarischen Juden), dem es gelingt, Juden vor den Nazis zu retten. Der Film basierte auf dem Roman von *Scarlet Pimpernel: Das scharlachrote Siegel der Baronesse Emma Orczy*. Auf ihrem Heimweg diskutierten Raoul und Nina über den Film. Dabei äußerte Raoul zu seiner Schwester: „Genau so etwas würde ich gerne machen."

Er verfolgte das Kriegsgeschehen aufmerksam und lernte durch seine Geschäftsreisen das Leid der europäischen Juden aus erster Hand kennen. Überall kursierten Gerüchte über ein bevorstehendes großes Unheil.

Wallenbergs eigene Zukunftsaussichten waren ungewiss. Nichts ließ darauf schließen, dass die Wallenberg-Dynastie ihm in absehbarer Zeit ihre Tore öffnen würde. Ihm fehlte der Beistand eines Vaters, der sich um sein Wohlergehen kümmerte, und sein gütiger Großvater war inzwischen verstorben. Seine Erfolge in der Geschäftswelt erwiesen sich nicht gerade als aufsehenerregend. Er war ein Architekt, der bisher nichts entworfen hatte; ein Bankier mit Beziehungen, die ihm nichts nützten. Nicht einmal die Familienbank hatte Platz für einen weiteren Wallenberg. Er hatte kein Vermögen geerbt und konnte sich kein eigenes verschaffen.

Die tragischen Erlebnisse der Juden, von denen er gehört hatte oder denen er begegnet war, erschütterten ihn tief, aber er konnte nichts für sie tun. Als Kind hatte er Bibelverse auswendig gelernt, und nun wurde er als junger Mann wieder an die biblischen Geschichten über die Kinder Gottes, über Recht und Gerechtigkeit erinnert. Aus der Bibel wusste er, dass die Juden als Gottes auserwähltes Volk bezeichnet wurden und eine entscheidende Rolle in der Weltgeschichte spielen sollten.

Raoul hatte die lutherische Kirche besucht, im Kirchenchor den „Messias" mitgesungen. Er versuchte, die Predigten, die er hörte, in die Tat umzusetzen. Im Allgemeinen wurden Glaubensfragen in seiner Familie und seiner Gesellschaftsschicht als Privatangelegenheit betrachtet, aber Raoul suchte nach etwas.

Im Jahr 1942 war der dreißigjährige Raoul Wallenberg ein einsamer Mann auf der Suche nach einer Vision. Er brauchte eine Aufgabe.

Auschwitz

Die Wannsee-Konferenz im Januar 1942 erwies sich als entscheidender Meilenstein für die Durchführung der „Endlösung". Durch die Erfindung des Kristallgases Zyklon B wurde der Mensch auf die gleiche Stufe gestellt wie das Ungeziefer, für das dieses Gas ursprünglich gedacht war. Der bloße Name Eichmanns wurde zum Symbol der Angst, als er das gewaltige Unterfangen mit unvermindertem Eifer in Angriff nahm und planmäßig auf das grauenhafte Ziel hinarbeitete. Seine Opfer standen lammfromm und gehorsam Schlange vor den Zügen, die sie in den Tod brachten. Sie kamen aus Belgien, Bulgarien, der Tschechoslowakei, Frankreich, Deutschland, Österreich, Griechenland, Holland, Italien, Polen, Rumänien, Skandinavien und Jugoslawien. In einer Stadt nach der anderen wurden Männer, Frauen und Kinder aus ihren Häusern gezerrt und Familien auseinandergerissen.

Es schien, als werde Eichmann von einer bösen Macht getrieben. Ein evangelischer Geistlicher, der bei Eichmann für das Leben eines einzelnen Juden eingetreten war, sagte über ihn: „Er war wie ein Stück Eis oder Marmor. Nichts konnte ihn rühren."

Rudolf Höß, der Kommandant von Auschwitz, beschreibt Eichmann als einen temperamentvollen, aktiven Mann in den Dreißigern, der immer voller Energie gewesen sei. Er habe dauernd neue Pläne ausgearbeitet und ständig nach Verbesserungsmöglichkeiten gesucht. Er habe nicht zur Ruhe kommen können. Er sei besessen von der „Judenfrage" und dem Befehl der „Endlösung" gewesen. Einem Freund gegenüber prahlte Eichmann später, er werde einmal lachend ins Grab springen, denn der Umstand, dass er fünf Millionen Juden auf dem Gewissen habe, verschaffe ihm eine außerordentliche Befriedigung.

Bereits im März 1933 war das erste Konzentrationslager im nationalsozialistischen Deutschland in Dachau bei München eröffnet worden. Als die Verfolgungen sich ausweiteten, wurden weitere Lager gebaut, um die Opfer unterzubringen.

In Auschwitz führte der Arzt Josef Mengele, der sich einen Namen als „Todesengel" gemacht hatte, ein eigenes Auswahlverfahren durch. Bei der Ankunft eines neuen Transports genügte ein Nicken oder das Zucken eines Auges dieses Mannes, um über das Schicksal eines Menschen zu entscheiden. Viele endeten als menschliche Versuchskaninchen im Speziallabor des Arztes, der eine Reihe grauenvoller medizinischer Versuche durchführte.

Zum Beispiel spritzte Mengele, in der Hoffnung, aus braunen Augen blaue zu machen, Farbe und Gift in die Augen von Kindern. Er kastrierte Männer, führte bei Frauen gewaltsam Fehlgeburten herbei, setzte gesunde Menschen Röntgenstrahlen und Gelbfieber aus. Wenn seine Versuche abgeschlossen waren, wurden die „Versuchsobjekte" beseitigt. Nachdem er zum Beispiel die richtigen ärztlichen Vorkehrungen während einer Entbindung getroffen, alle antiseptischen Grundsätze peinlich genau beachtet und die Nabelschnur mit unübertrefflicher Sorgfalt durchgeschnitten hatte, ließ er Mutter und Kind im Krematorium verbrennen.

Mengeles Vorliebe für Zwillinge und Zwerge führte zu einigen makabren Vorfällen. Im Februar 1984 berichteten Überlebende von Auschwitz vor einem Tribunal in Jerusalem, wie Mengele ein Zwillingspaar von Kleinkindern hatte zusammennähen lassen und wie er, als er eine rumänische Zirkuszwergenfamilie entdeckt hatte, alle „sieben Zwerge" nackt vor einer Zuschauerschaft von 2000 johlenden SS-Männern ausgestellt hatte.

In einem Labor des Arztes hingen reihenweise Augen an den Wänden. „Aufgespießt wie Schmetterlinge", erinnert sich ein Überlebender. Sein Sadismus ließ sogar seine Kollegen schaudern; einer kommentierte: „In Mengeles Gegenwart zitterten selbst die SS-Leute."

Mengele begrüßte jeden Neuankömmling in Auschwitz in blank polierten Stiefeln. Während er Wagner pfiff, bestimmte er, wer ins Arbeits- und Vernichtungslager Birkenau kam. Wer weniger Glück hatte, wurde sofort zu den Bunkern gebracht, musste sich ausziehen und wurde in den Todesraum geführt.

An den unterirdischen Gaskammern des Krematoriums waren Schilder angebracht mit der Aufschrift „Bad", in sieben Sprachen. Über dem Eingangstor des Lagers stand: „Arbeit macht frei".

Nach dem Vergasen musste ein „Sonderkommando" von Gefangenen den Toten alle Goldzähne entfernen und den Frauen das Haar abschneiden. Bei einer Gelegenheit sagte

Eichmann zu Höß, dass der Schmuck und die Devisen der jüdischen Opfer in der Schweiz verkauft und dass der gesamte Schweizer Schmuckmarkt davon dominiert wurde.

Auch alle KZ-Gefangenen, die sich freiwillig als Helfer für die Gaskammern meldeten und vielleicht hofften, auf diese Weise ihr eigenes Leben zu retten, wurden nach ein paar Wochen elenden Daseins systematisch getötet. Es durfte keine Ausnahmen geben.

Das Vergasen selbst war entsetzlich. Ein Augenzeuge berichtet: „Nach einer Vergasungsaktion vertrieben Ventilatoren des patentierten ‚Exhator-Systems' das Gas schnell aus dem Raum, aber in den Lücken zwischen den Toten und in den Türritzen blieben immer noch kleine Reste davon. Selbst nach zwei Stunden verursachte es noch erstickenden Husten. Aus diesem Grund war die Sonderkommandogruppe, die den Raum als Erste betrat, mit Gasmasken ausgestattet. Der Raum wurde grell erleuchtet und bot einen schauerlichen Anblick.

Die Leichen lagen nicht gleichmäßig im Raum verstreut, sondern auf einem großen Haufen bis zur Decke.

Der Grund dafür war, dass das Gas sich zuerst in den unteren Luftschichten verbreitete und nur langsam zur Decke anstieg. Dadurch wurden die Opfer gezwungen, sich in ihrem verzweifelten Versuch, dem Gas zu entkommen, gegenseitig niederzutrampeln. Und trotzdem holte sie das Gas ein. Was für ein Überlebenskampf musste dort geherrscht haben! Trotzdem war es nur eine Frage von zwei oder drei Minuten Aufschub. Wenn sie in der Lage gewesen wären, über ihr Handeln nachzudenken, wäre ihnen bewusst geworden, dass sie ihre eigenen Kinder, Frauen und Verwandten niedertrampelten. Aber sie konnten nicht überlegen. Ihre Bewegungen waren nichts anderes als Reflexe des Selbsterhaltungstriebs. Mir fiel auf, dass die Leichen von Frauen, Kindern und Alten zuunterst in dem Stoß lagen, ganz oben dann die der Stärksten. Die Körper waren mit Kratzern und blauen Flecken aus dem Todeskampf übersät und oft ineinander verschlungen. Blut sickerte aus ihren Nasen und Mündern; ihre aufgedunsenen blauen Gesichter waren bis zur Unkenntlichkeit verunstaltet.

Und doch geschah es oft, dass die Männer vom Sonderkommando ihre Verwandten wiedererkannten. So eine Begegnung war nicht einfach, und ich fürchtete mich selbst davor. Ich hatte keinen Grund hier zu sein, und doch befand ich mich jetzt inmitten dieser Toten. Ich fühlte mich gegenüber meinem Volk und der ganzen Welt verpflichtet, einen genauen Bericht über meine Beobachtungen abgeben zu können, falls ich je durch eine wunderbare Laune des Schicksals entkommen würde."[8]

Höß prahlte einmal, er wisse von niemandem, der lebendig der Gaskammer entronnen wäre. Er täuschte sich. Dr. Miklos Nyiszli beschreibt, wie er in Auschwitz nach einer Vergasung ein zartes, etwa fünfzehnjähriges Mädchen um Atem ringend fand: „Der Anführer des Gaskommandos riss fast die Tür aus den Angeln, als er völlig außer Atem und mit vor Angst oder Überraschung weit aufgerissenen Augen in mein Zimmer kam. ‚Doktor‘, sagte er, ‚kommen Sie schnell! Wir haben gerade ein lebendiges Mädchen unter dem Stoß der Leichen gefunden.‘ Ich schnappte meinen Instrumentenkoffer, der immer griffbereit stand, und rannte zur Gaskammer. An der Wand beim Eingang des riesigen Raumes sah ich ein halb von anderen Leibern zugedecktes Mädchen im Todeskampf, ihr Körper wurde von Krämpfen geschüttelt.

Die Männer des Gaskommandos um mich herum waren in einem Zustand der Panik. Noch nie hatten sie im Lauf ihrer furchtbaren Arbeit etwas Ähnliches erlebt.

Wir befreiten das Mädchen von dem Druck der Leichen. Ich nahm den kleinen, jugendlichen Körper in meine Arme und trug ihn in den Raum, der sich an die Gaskammer anschließt; dort ziehen sich normalerweise die Männer des Gaskommandos für ihre Arbeit um. Ich legte den Körper auf eine Bank. Ein zartes junges Mädchen, fast noch ein Kind, sie konnte nicht älter als fünfzehn Jahre sein. Ich nahm meine Spritze heraus, fasste ihren Arm – sie war noch nicht wieder bei Bewusstsein und atmete schwer – und verabreichte ihr drei intravenöse Injektionen. Meine Begleiter deckten ihren eiskalten Körper mit einem schweren Mantel zu. Einer rannte in die Küche, um etwas Tee und warme Fleischbrühe zu besorgen. Jeder wollte helfen, als sei sie sein eigenes Kind.

Die Reaktion kam schnell. Das Mädchen wurde von einem Hustenanfall geschüttelt, der einen dicken Schleimklumpen aus ihren Lungen hervorbrachte. Sie öffnete die Augen und starrte an die Decke. Ich achtete genau auf jedes Lebenszeichen. Ihr Atem wurde tiefer und immer regelmäßiger. Ihre vom Gas gequälten Lungen sogen die frische Luft gierig ein. Als Folge der Injektionen wurde ihr Puls spürbar. Die Injektionen waren noch nicht völlig absorbiert, aber ich sah, dass sie innerhalb weniger Minuten das Bewusstsein zurückerlangen würde: Ihr Blutkreislauf hatte angefangen, Farbe in ihre Wangen zu bringen, und ihr feines Gesicht sah wieder menschlich aus.

Sie schaute erstaunt umher und sah uns kurz an. Sie wusste immer noch nicht, wie ihr geschah, und war nicht fähig, zwischen Traum und Realität zu unterscheiden. Ein nebliger

Schleier lag über ihrem Bewusstsein. Vielleicht erinnerte sie sich undeutlich an einen Zug, an eine lange Reihe von Güterwagen, worin sie hierhergekommen war. Dann hatte sie sich zur „Selektion" angestellt, und bevor sie wusste, was geschah, war sie von einem Menschenstrom in einen großen, grell erleuchteten unterirdischen Raum mitgerissen worden. Alles war so schnell gegangen. Vielleicht erinnerte sie sich, dass sich jeder hatte ausziehen müssen. Dieser Befehl war unangenehm gewesen, aber jeder hatte resigniert gehorcht. Nackt, wie sie waren, hatte man sie dann in einen anderen Raum gedrängt. Stumme Verzweiflung hatte sie alle ergriffen. Auch der zweite Raum war hell erleuchtet gewesen. Vollkommen verwirrt war ihr Blick über die aneinandergedrängte Masse gewandert, ohne jemanden aus ihrer Familie zu entdecken. Dicht an die Wand gepresst hatte sie mit erstarrtem Herzen abgewartet, was kommen würde. Dann war plötzlich das Licht ausgegangen und etwas hatte in ihren Augen gebrannt, ihr an die Kehle gegriffen und sie erstickt. Sie war bewusstlos geworden. An diesem Punkt endete ihre Erinnerung.

Ihre Bewegungen wurden lebhafter; sie versuchte ihre Hände und Füße zu bewegen und ihren Kopf nach rechts zu drehen. Ihr Gesicht wurde von einem Krampf geschüttelt. Plötzlich ergriff sie meinen Mantelkragen und klammerte sich krampfhaft daran; sie versuchte mit aller Kraft, sich aufzurichten. Ich legte sie mehrere Male wieder zurück, doch sie wiederholte die gleiche Bewegung. Dann wurde sie nach und nach ruhiger und blieb völlig ausgepumpt liegen. Große Tränen sammelten sich in ihren Augen und liefen die Wangen hinunter. Sie weinte nicht. Ich erhielt die erste Antwort auf meine Fragen. Weil ich sie nicht ermüden wollte, fragte ich nur wenig. Ich erfuhr, dass sie sechzehn Jahre alt und mit ihren Eltern in einem Transport von Siebenbürgen gekommen war.

Ein Mann vom Kommando gab ihr eine Schale mit heißer Fleischbrühe, die sie gierig trank. Die Männer kamen dauernd mit anderen Sachen zum Essen an, aber ich konnte ihnen nicht erlauben, ihr etwas zu geben. Ich deckte sie bis zum Kopf zu und sagte ihr, sie solle versuchen, ein bisschen Schlaf zu bekommen.

Meine Gedanken wirbelten mir nur so im Kopf herum. Ich wandte mich zu meinen Kameraden in der Hoffnung, eine Lösung zu finden. Wir zerbrachen uns die Köpfe, denn jetzt standen wir dem schwierigsten Problem gegenüber: Was sollten wir mit dem Mädchen tun, jetzt, wo wir sie wieder ins Leben zurückgebracht hatten? Wir wussten, dass sie nicht lange hier bleiben konnte. Was sollte man mit einem jungen Mädchen im Sonderkommando des Krematoriums machen?

Kein Mensch war je lebend hier herausgekommen, weder jemand von den Transporten noch von den Sonderkommandos.

Es blieb wenig Zeit zum Überlegen. Oberscharführer Mußfeld machte seinen üblichen Überwachungsgang. Als er an der offenen Tür vorbeikam und unsere kleine Gruppe sah, kam er herein und fragte, was vorging. Noch bevor wir etwas sagen konnten, hatte er das ausgestreckt auf der Bank liegende Mädchen entdeckt. Ich gab meinen Kameraden ein Zeichen, sich zurückzuziehen. Ich wollte einen Versuch machen, wenngleich ich wusste, dass er zum Scheitern verurteilt war.

Die drei Monate im gleichen Lager und in der gleichen Umgebung hatten trotz allem eine gewisse Vertrautheit zwischen uns entstehen lassen. Außerdem bringen die Deutschen fähigen Leuten im Allgemeinen Anerkennung entgegen, und so lange sie sie brauchen, respektieren sie sie auch bis zu einem gewissen Grad, selbst im KZ. Das galt zum Beispiel für Schuster, Schneider, Tischler und Schmiede. Zahlreiche Begegnungen hatten mir gezeigt, dass Mußfeld eine hohe Meinung von den beruflichen Fähigkeiten eines medizinischen Fachmannes hatte. Er wusste, dass mein Vorgesetzter der meistgefürchtete Mann des KZs war, Dr. Mengele, der sich für einen der wichtigsten Vertreter der deutschen Medizin hielt und es als Vaterlandspflicht ansah, Hunderttausende von Juden in die Gaskammern zu schicken; die Arbeit im Sezierraum sollte der „Förderung" der deutschen Medizin dienen. Als Dr. Mengeles pathologischer Experte war ich auch an diesen ‚Fortschritten' beteiligt, und das erklärte den gewissen Respekt, den Mußfeld mir zollte. Er besuchte mich oft im Sezierraum, und wir unterhielten uns über Politik, die militärische Lage und verschiedene andere Themen. Sein Respekt schien auch ein Stück weit auf der Tatsache zu beruhen, dass er das Sezieren von Leichen und seine eigene blutige Aufgabe des Tötens für verwandte Tätigkeiten hielt.

Mußfeld war der Kommandant des Krematoriums I. Er hatte drei SS-Männer als Leutnants unter sich. Zusammen führten sie die ‚Vernichtung' durch Genickschüsse durch. Diese Todesart traf nur diejenigen, die im Lager dafür ausgesucht oder von einem anderen Lager in ein ‚Ruhelager' geschickt worden waren. Wenn es ‚nur' 500 oder noch weniger waren, tötete man sie mit einem Genickschuss, denn das aufwendige Betreiben der Gaskammern war der Tötung einer größeren Anzahl vorbehalten. Um 500 zu töten, brauchte man genauso viel Gas wie für 1000. Es lohnte sich nicht, den Rotkreuzwagen mit den Kanistern und den Gasschlächtern für eine so ‚geringe' Anzahl von Opfern kommen zu lassen.

49

Es rentierte sich auch nicht der Aufwand, einen Wagen zu bestellen, der die Kleidung der Ermordeten mitnehmen sollte, die ohnehin nur noch Lumpen waren. Solche Überlegungen entschieden, ob eine Gruppe durch das Gas oder durch den Genickschuss umkam.

Und mit diesem Mann musste ich nun verhandeln und ihn überreden, ein einzelnes Leben zu verschonen. Ich erzählte ihm ganz ruhig von dem schrecklichen Fall, mit dem wir konfrontiert waren. Ich beschrieb die Qualen, die das Mädchen im Entkleidungsraum erlitten haben musste, und die schauerlichen Szenen in der Gaskammer. Als der Raum in Dunkelheit getaucht worden war, hatte sie etwas von dem Zyklon-Gas eingeatmet. Nur wenige Atemzüge, denn ihr zarter Körper hatte dem Drücken und Schieben der Masse im Kampf gegen den Tod nicht standgehalten. Zufällig war sie mit dem Gesicht auf den nassen Betonboden gefallen. Dieser kleine Feuchtigkeitsanteil hatte sie vor dem Ersticken gerettet, denn das Zyklon-Gas reagiert nicht bei Feuchtigkeit.

Das waren meine Argumente und ich bat ihn, etwas für dieses Kind zu tun. Er hörte mir aufmerksam zu und fragte mich dann, was er denn tun solle. Ich sah es ihm an, dass ich ihn vor ein praktisch unlösbares Problem gestellt hatte. Es war klar, dass das Kind nicht im Krematorium bleiben konnte. Eine Möglichkeit wäre gewesen, das Mädchen vor das Tor des Krematoriums zu bringen, wo immer ein Kommando von Frauen arbeitete. Ein neues Gesicht unter so vielen Tausend wäre nie aufgefallen, denn keiner im Lager kannte alle anderen Insassen.

Wenn sie nur drei oder vier Jahre älter gewesen wäre, hätte man diesen Plan durchführen können. Ein zwanzigjähriges Mädchen hätte die geheimnisvollen Umstände ihres Überlebens verstanden und wäre umsichtig genug gewesen, niemandem etwas davon zu sagen. Wie so viele Tausend andere hätte sie auf eine bessere Gelegenheit gewartet, um zu berichten, was sie durchgemacht hatte. Aber Mußfeld glaubte, ein sechzehnjähriges Mädchen würde in aller Naivität dem erstbesten Menschen, der ihr über den Weg lief, erzählen, woher sie gerade gekommen war und was sie gesehen und erlebt hatte. Diese Neuigkeit würde sich wie ein Lauffeuer verbreiten, und wir würden dafür alle mit dem Leben bezahlen müssen.

,Wir kommen nicht darum herum', sagte er, ,das Kind muss sterben.'

Eine halbe Stunde später wurde das Mädchen in den Flur des Ofenraumes geführt bzw. getragen, und dort ließ Mußfeld seine Arbeit von einem anderen übernehmen: ein Genickschuss."[9]

Trotz Eichmanns Organisationstalent und Leistungsfähigkeit kam es oft zu logistischen Problemen für die Auschwitzer Kommandos, und um die Zustände zu verbessern, bekam der Ingenieur Prüfer von der Erfurter Baufirma J. A. Topf und Söhne den Auftrag, ein leistungsfähiges neues Krematorium zu bauen.

In seinen Memoiren erklärt Rudolf Höß die Schwierigkeiten von Krematorien alten Stils: „Bei schlechtem Wetter oder starkem Wind trieb der Verbrennungsgeruch viele Kilometer weit und führte dazu, dass die ganze umwohnende Bevölkerung von den Juden-Verbrennungen sprach, trotz der Gegenpropaganda vonseiten der Partei und den Verwaltungsdienststellen … Weiterhin erhob die Luftabwehr Einspruch gegen die weithin in der Luft sichtbaren nächtlichen Feuer. Es musste aber auch nachts weiter verbrannt werden, um die eintreffenden Transporte nicht abstoppen zu müssen."[10]

Beim Vergleich von Auschwitz mit anderen Konzentrationslagern stellte Höß fest, dass zum Beispiel in Treblinka bei einem schlecht funktionierenden Durchgang die Auspuffgase manchmal nicht wirkten. Viele Opfer wurden nur bewusstlos und mussten durch Erschießen getötet werden.

Höß schreibt weiter, dass die großen Krematorien I und III in Auschwitz ungefähr 2000 Leichen in weniger als 24 Stunden einäschern konnten. Die kleineren Krematorien II und IV, die von der Baufirma Topf aus Erfurt gebaut worden waren, konnten ungefähr 1500 Leichname innerhalb von 24 Stunden verbrennen. Aus einer Statistik zitiert er: „Die erreichte höchste Zahl innerhalb 24 Stunden an Vergasungen und Verbrennungen war etwas über 9000 an allen Stellen außer III im Sommer 1944 während der Ungarn-Aktion, als durch Zugverspätungen anstatt der vorgesehenen drei Züge fünf Züge innerhalb 24 Stunden einliefen und diese außerdem noch stärker belegt waren."[11]

4.
Europa ist „judenrein" ... fast!

London 1942

Im August 1942 lagen den Alliierten Beweise vor, dass Hitler den Befehl zum Bau riesiger Gaskammern für die Vernichtung der Juden gegeben hatte.

Fünf Monate später, im Dezember 1942, gaben die Alliierten öffentlich zu, dass die europäischen Juden Opfer einer großen Vernichtungsaktion waren. Im britischen Unterhaus stellte Großbritanniens Außenminister Anthony Eden fest: „Jetzt setzen die Nazis die oft wiederholte Absicht Hitlers in die Tat um und rotten das jüdische Volk in Europa aus."

Aber was konnte man tun, um sie zu retten? Im Lauf der letzten drei Jahre hatten jüdische Vertreter vorgeschlagen, jüdische Gemeinden mit Lösegeldern freizukaufen, Massenvisa herauszugeben, Auschwitz und die zu den Gaskammern führenden Schienenstrecken zu bombardieren. So gut wie alle Vorschläge wurden abgelehnt. Während nur zehn Kilometer von Auschwitz entfernte Orte bombardiert wurden, konnte angeblich kein Flugzeug freigestellt werden, um die Krematorien zu zerstören und damit der Vernichtung Einhalt zu gebieten ...

Unter dem Druck der Weltöffentlichkeit, deren Interesse auf Europa gerichtet war, mussten die Alliierten allerdings eine Antwort auf das Leiden der Juden geben. Die USA und Großbritannien taten das Unvermeidliche – sie beriefen eine Konferenz ein. Diese Konferenz, die im Januar 1943 auf den

Bermudainseln stattfand, war eine öffentliche Zeremonie des Händewaschens in Unschuld. Als sie im April 1943 zu Ende ging, waren drei Millionen Juden getötet worden. In den Vernichtungslagern der Nazis wurden täglich fünfzehntausend Menschen vergast oder auf andere Weise getötet.

In einem Bericht über die Bermuda-Konferenz bemerkte die Zeitung *London Observer*: „Hier sind die gemütlichen Strandhotels der atlantischen Luxusinsel, wo sich gut gekleidete Herren versammeln und sich in bester Genfer Art versichern, dass nicht viel getan werden kann. Die Eröffnungsreden dieser Konferenz sind in diesem Land weithin mit Aufmerksamkeit verfolgt worden – mit ärgerlicher und bestürzter Aufmerksamkeit. Man teilt uns mit, dieses Problem übersteige die Reserven Großbritanniens und Amerikas … Wenn sie nicht helfen können, wer dann? Das Schreckliche an diesen Reden ist nicht einmal die vollkommene Gleichgültigkeit angesichts menschlichen Leidens. Es ist die damit verbundene Bereitschaft der zwei größten Mächte der Erde, sich zu erniedrigen, sich selbst für bankrott und ohnmächtig zu erklären, nur um dem kleinen Opfer der Barmherzigkeit zu entgehen …“

Die Konferenz endete in einem kläglichen Versagen, was eine Lösung des jüdischen Flüchtlingsproblems betraf. Das Dritte Reich dagegen hatte keine Schwierigkeiten, das Problem auf seine Art aus der Welt zu schaffen.

Das Internationale Rote Kreuz behauptete, es dürfe sich nicht in innere Angelegenheiten einmischen. Die strengen Einwanderungsbeschränkungen durch die Briten und Amerikaner zerschlugen weitere jüdische Hoffnungen auf Rettung.

Während manche Christen jüdische Freunde versteckten, erhob die katholische Kirche in Deutschland keinen offiziellen Protest gegen die Judenverfolgung, und auch die protestantische Kirche schwieg. Nur einzelne Pfarrer, katholische und evangelische – etwa aus der Bekennenden Kirche –, leisteten dem Dritten Reich Widerstand und predigten, dass Menschen Menschen blieben und dass Gott Gott blieb und dass auch die Juden Gerechtigkeit verdienten und Teil der Schöpfung Gottes seien. Es war ein Widerstand, der oft im Konzentrationslager endete, wo viele umkamen. Aber Schweigen hätte bedeutet, das Böse zu stärken.

Man hat festgestellt, dass die Deportationen von Juden in den mit Deutschland verbündeten bzw. von den Nazis besetzten Ländern zum Stillstand kamen, wenn sich die Kirchen dort öffentlich dagegen aussprachen. Die bulgarische Kirche gewährte der bulgarischen Regierung beim Schutz ihrer jüdischen Gemeinde aktive Unterstützung, und die bulgarischen Juden entkamen dem Holocaust. Die Regierung stoppte die Herstellung der gelben Judensterne, indem sie die Stromversorgung des produzierenden Betriebs unterbrach. In Schweden gelang es mutigen Bürgern, über 800 norwegische Juden über die Grenze in Sicherheit zu schmuggeln. Bei einer anderen gewagten Rettungsaktion versteckte die dänische Bevölkerung mehrere Tausend Juden und schaffte es, sie nachts über den Seeweg nach Schweden zu bringen und alle deutschen Sperren zu umgehen.

Berlin

Möglicherweise war Hitler davon überzeugt, dass die Alliierten die Juden nicht retten würden. Am 24. Februar 1942, einen Monat nach der Wannsee-Konferenz, sank die *Struma*, ein Donaudampfer mit 769 jüdischen Flüchtlingen an Bord, im Bosporus, nachdem die Briten ihnen die Einreise nach Palästina verweigert und die Türken sie wieder zurück nach Bulgarien geschickt hatten (wie *Der Spiegel* am 12. Mai 1965 berichtete, wurde sie durch einen sowjetischen Torpedo versenkt; d. Übers.). Sämtliche Passagiere bis auf einen kamen um.

Als 1940 der bulgarische Schoner *Salvador* mit 200 Menschen im Marmarameer unterging, schrieb der Leiter der Abteilung für Flüchtlingsfragen im britischen Außenministerium, T.M. Snow, dass er die Begebenheit für ein „günstiges Unglück" halte. Im Jahr davor, am 2. September 1939, einen Tag nach Beginn des Zweiten Weltkriegs, schossen britische Patrouillen auf *Tiger Hill*, ein Flüchtlingsschiff mit 1400 „illegalen Einwanderern" nach Palästina an Bord. Noch ein Jahr davor, 1938, war die Dominikanische Republik als einziges Land bereit gewesen, auf der von den USA in Evian einberufenen Konferenz zur „Flüchtlingsproblematik" ein Besiedelungsprogramm anzubieten. Australien verweigerte die Hilfe mit der Begründung: „Wir haben kein Rassenproblem, und wir haben kein Interesse daran, eines zu importieren."

Hitler hatte auch die Reaktion der freien Welt auf den 1915 von den Türken verübten Völkermord an den Armeniern beobachtet. Als Opfer einer beispiellosen Vernichtungsaktion durch die türkische Armee wurden damals etwa eineinhalb Millionen Armenier in der Türkei ermordet und Hunderttausende Armenier vertrieben und über die ganze Welt verstreut. Die westliche Welt brachte ihre Empörung über die Massenmorde zum Ausdruck. Am 20. Dezember 1917 hielt Lloyd George, der britische Premierminister, in Großbritannien eine Rede, in der er das türkische Armenien als ein mit dem Blut Unschuldiger getränktes Land bezeichnete. Im folgenden Jahr, im Sommer 1918, erklärte der Premierminister wieder, dass Großbritannien niemals seine Verpflichtung gegenüber den Armeniern vergessen werde. Außerdem brachten der amerikanische Präsident und verschiedene europäische Politiker ihr Mitgefühl und ihre Unterstützung der armenischen Sache zum Ausdruck.

Sich auf solche Versprechungen zu verlassen, stellte sich für die Armenier als eine riesige Enttäuschung heraus. Der schließlich im Juli 1923 geschlossene Vertrag von Lausanne ignorierte weitgehend die früheren Zusagen der Alliierten an die Armenier.

Adolf Hitler, der die Reaktion der Alliierten auf die Not der Armenier aufmerksam verfolgt hatte, sagte am 22. August 1939, er habe seinen Todeseinheiten Befehl gegeben, unbarmherzig und mitleidslos alle Männer, Frauen und Kinder der polnischen „Rasse" auszurotten. Nur auf diese Weise könnte das deutsche Volk sich den notwendigen Lebensraum aneignen. Wer erinnere sich denn noch an die Ausrottung der Armenier?

Hitler hatte erkannt: Wenn die Erschütterung über die „Endlösung" erst einmal abgeklungen und aus dem öffentlichen Bewusstsein verschwunden war, würde sie einer lediglich schriftlichen, gutbürgerlichen Empörung Platz machen.

Goebbels notierte über die Reaktion der Alliierten auf die „Endlösung" in sein Tagebuch: Im Grunde genommen, glaube er, seien sowohl die Engländer als auch die Amerikaner froh, dass die Nationalsozialisten das jüdische Gesindel ausrotteten.

Der von Hitler und Männern wie Eichmann und Mengele verübte Völkermord kam gefährlich nahe an die Erfüllung des erklärten Zieles heran, ein „judenreines" Europa zu schaffen. Insgesamt wurden um die sechs Millionen Juden getötet. Diese Zahl entspricht knapp der Hälfte der heutigen jüdischen Bevölkerung weltweit (ca. 13 Millionen; d. Übers.). Von den sechs Millionen Opfern starben ungefähr fünf Millionen in den Konzentrationslagern und bei Massenmorden in Europa.

1944 schien der Zusammenbruch des Dritten Reiches unvermeidbar, der Krieg fast überstanden. Hitler stand schon mit dem Rücken zur Wand, aber er weigerte sich, die Niederlage einzugestehen oder an einen Rückzug oder eine Flucht zu denken. In seinen Gedanken jagten sich militärische Strategien, und doch fand er Zeit, sich seiner persönlichen Manie zu widmen – den Juden.

Er war erbost über die Lage in Ungarn, seinem mutmaßlichen Bundesgenossen, wo 900 000 Juden seiner „Endlösung" bisher entkommen waren; in einem Anfall von Zorn schickte er im März 1944 den berüchtigten Adolf Eichmann nach Ungarn, damit dieser sich um die Angelegenheit kümmerte. Das Schicksal dieser Menschen schien besiegelt.

5.
Das furchtbare Geheimnis

London – Schweden – Washington 1944

Was wussten die Alliierten darüber, was mit den Juden in Europa geschah, und was hätten sie zu ihrer Rettung unternehmen können? Diese Frage wird immer wieder gestellt.

Martin Gilbert und andere Historiker entdeckten in den Archiven des britischen Außenministeriums zahlreiche Notizen, die von einer gleichgültigen und zynischen Haltung bestimmter Beamter zeugen. Vielleicht konnten sie einfach nicht glauben, was da an haarsträubenden Geschichten zu ihnen durchsickerte. Doch ihre amtlichen Mitteilungen, diktiert, getippt und in den Fluren Whitehalls verteilt, bestimmten die politische Reaktion Großbritanniens auf das Leid der Juden. Im Nachhinein schaudert man, wenn man diese Eintragungen liest.

„Warum sollten die Juden von Not und Demütigung verschont bleiben, wenn sie es doch verdient haben?", heißt es in einer Notiz. Eine andere lautet: „Meiner Meinung nach verschwendet das Ministerium unverhältnismäßig viel Zeit auf die Beschäftigung mit diesen jammernden Juden." – „Was stört, ist die offensichtliche Bereitschaft des neuen Kolonialsekretärs, die ‚Heulstorys' der Jewish Agency für bare Münze zu nehmen."[12] (Die Jewish Agency vertrat offiziell die Interessen der Juden, bevor der Staat Israel gegründet wurde; d. Übers.)

Das neutrale Schweden gehörte zu den ersten Staaten, die (von der schwedischen Kolonie in Warschau) Berichte aus erster Hand erhielten. Etwas später, im August 1942, erfuhr der schwedische Diplomat Baron von Otter auf einer Reise im Berlin-Warschau-Express von den Todeslagern. In dem überfüllten Zug befanden sich Soldaten und Flüchtlinge. Darunter auch Kurt Gerstein, der als oberster Hygienefachmann der Waffen-SS mitverantwortlich für die Lieferung des mörderischen Zyklon-B-Gases war. Gerstein erzählte von Otter, dass er in die wahrhaftige Hölle geraten war, und berichtete von grauenvollen Erlebnissen. Einmal war er Zeuge einer Massentötung geworden, bei der der Mechanismus der Gasfreisetzung nicht funktioniert hatte. Gerstein hatte die Zeit gestoppt, in der die Leiber zusammengepresst im Todesraum gelegen hatten. Das qualvolle Sterben hatte drei Stunden gedauert.

Gerstein belegte seine Aussagen mit Dokumenten und bedrängte von Otter dann, der ganzen Welt davon zu berichten. Er glaubte, die Menschen würden sich überall gegen die Nazis erheben, wenn sie von diesen Schrecken wüssten.

Der Historiker Walter Laqueur behauptete in seinem Buch *Was niemand wissen wollte,* Staffan Söderblom vom schwedischen Außenministerium habe diese Berichte zurückgehalten.[13] Söderblom sollte für Raoul Wallenbergs Zukunft noch eine verheerende Rolle spielen.

Ein Bericht wurde dem amerikanischen Präsidenten Roosevelt vorgelegt, mit dem Titel: „Die Zustimmung dieser Regierung zum Judenmord". Er änderte die amerikanische Politik gegenüber den Juden. Das Dokument klagte die Regierung der USA an, zu zurückhaltend und gleichgültig gegenüber der Rettung der Juden gehandelt zu haben.

So ordnete Präsident Roosevelt noch in der gleichen Woche, am 22. Januar 1944, die Gründung eines Ausschusses für Kriegsflüchtlinge („War Refugee Board") an. Zum Direktor wurde John W. Pehle ernannt, einer der Verfasser des erwähnten Berichts.

Bereits wenige Stunden nach seiner Ernennung trat Pehle sein Amt an und half den in Europa festsitzenden Juden, indem er Visa ausstellte und für geschützte Durchreisen sorgte. Des Weiteren forderte er neutrale Mächte, religiöse Gruppen und Hilfsorganisationen dazu auf, sich für die Juden einzusetzen. Er überredete zudem das Internationale Rote Kreuz, seine Maßnahmen zu verbessern.

Pehle und sein Büro schienen auf den ersten Blick für die Kehrtwende bei der Rettung gesorgt zu haben. Jedoch lagen die größten Herausforderungen für ihn und die Organisation noch vor ihnen.

Derweil lud Adolf Hitler den ungarischen Reichsverweser Miklós Horthy zu einem zweitägigen Besuch vom 17. bis 19. März 1944 auf den Obersalzberg ein, um mit ihm über eine Lösung der „Judenfrage" zu verhandeln. Während Horthy sich noch im Besitz von Macht und Unabhängigkeit wähnte, wurde in der Zwischenzeit das Gegenteil davon deutlich: In seiner Abwesenheit rollten elf deutsche Divisionen in Ungarn ein. Nur wenige Stunden danach erreichte eine lange Fahrzeugkolonne die Hauptstadt Budapest. An ihrer Spitze – Adolf Eichmann.

Jetzt saßen die letzten Überlebenden der ungarischen Juden in der Falle. Eichmann konnte es kaum abwarten. Er schlug sein Quartier im Hotel Majestic auf dem Budapester Schwabenberg auf. Wenige Tage später versammelte er die führenden Budapester Juden in einem großen, prunkvollen Zimmer. Er lachte laut, als er sie so still vor sich sitzen sah.

Sie wüssten schon, wer er sei, nicht wahr? Man nenne ihn den Bluthund!

Gestapo-Einheiten durchkämmten die Stadt nach bekannten Juden und Nazi-Gegnern. Sie waren gut vorbereitet und besaßen eine Liste von Schlüsselfiguren: darunter Rechtsanwälte, Politiker, Geschäftsleute und Journalisten. Jüdische Ärzte und Juristen wurden anhand von Telefonbüchern aufgespürt und in vorläufige Internierungslager gebracht. Insgesamt wurden 3451 Juden verhaftet.

Eine Welle von Selbstmorden überschwemmte Budapest. Verzweiflung breitete sich aus. Bis jetzt hatten die Juden in Budapest als relativ geschützt gegolten, jedoch änderte sich ihre Situation mit dem Eintreffen Eichmanns dramatisch. Nun stand auch Ungarn endgültig unter der deutschen Schreckensherrschaft.

Pehle konzentrierte jetzt die Aufmerksamkeit des Kriegsflüchtlingsrats auf Ungarn und appellierte an Kirchenführer um Hilfe. Der Papst brauchte einen Monat für eine Antwort. Das Internationale Rote Kreuz betonte abermals seine Machtlosigkeit; die Situation übersteige seine Möglichkeiten. Der katholische Primas von Ungarn jedoch trat für getaufte Juden ein. Seine Appelle hatten Erfolg: Die SS bestimmte, dass diese Gruppe außer dem gelben Judenstern ein weißes Kreuz zu tragen hatte.

Bis der Papst eine Botschaft an den Reichsverweser Horthy sandte, waren bereits viele unschuldige Menschen nach Auschwitz deportiert und umgebracht worden.

Kurze Zeit später ließ der amerikanische Präsident Radiosendungen direkt nach Ungarn ausstrahlen, in denen er alle Nazi-Anhänger und -Sympathisanten vor dem Tag der Abrechnung warnte, der unweigerlich kommen werde. Roosevelt drängte darauf, den Juden zu helfen, denn: „Es wäre tragisch, wenn diese unschuldigen Menschen, die Hitlers Wüten ein Jahrzehnt lang überlebt haben, so kurz vor dem Sieg über diese Barbaren umkämen."

Es ist nicht bekannt, ob Roosevelts Reden die Stimmung der ungarischen Juden hob. 1944 durften Juden schon kein Radio mehr besitzen und auch keine ausländischen Rundfunksendungen hören.

Zwei Monate nach Eichmanns erster Begegnung mit dem Judenrat im Hotel in Budapest stiegen verängstigte Männer, Frauen und Kinder in Viehwaggons, deren Ziel Auschwitz war. „Stopft sie zusammen wie Ölsardinen!", schrie Eichmann, der auf dem Bahnhof die Verladung persönlich überwachte, die von ungarischen Gendarmen durchgeführt wurde. Achtzig bis hundert Personen wurden in jeden der kleinen Güterwagen gepresst. Man schätzt, dass ein Zehntel von ihnen starb, bevor sie die ungarische Grenze erreichten.

Täglich wurden zwischen zehn- und zwölftausend Juden in die Lager abtransportiert. Das Krematorium in Auschwitz war überlastet, und die Tötungsmaschinerie lief rund um die Uhr. Höß, der Kommandant von Auschwitz, stockte das für das Vergasen benötigte Personal von zweihundert auf sechshundert Mann auf. Die Gaskammern und Verbrennungsöfen waren Tag und Nacht in Betrieb und die ungarischen Juden standen noch immer vor den Toren des Todeslagers Schlange. Manchmal ergriffen die Wächter ein paar kleine jüdische Kinder und schleuderten sie mit wahnsinnigem Schreien in ein großes Lagerfeuer.

Eichmann war persönlich in Budapest auf dem Bahnhof, als der erste Todeszug im April 1944 abfuhr. Bis Mitte Juni hatten insgesamt 147 Züge mehr als 437 000 ungarische Juden nach Auschwitz und in andere Lager gebracht.

Innerhalb von zwei Monaten hatte Eichmanns Truppe die ländlichen Gebiete Ungarns von Juden „gesäubert". Er erzählte seinen Kollegen, es sei wie im Schlaf gegangen. In seinem Bericht nach Berlin stellte Eichmann fest, die völlige Ausrottung der ungarischen Juden sei eine gemachte Sache. Nur ein paar technische Einzelheiten in Budapest benötigten noch wenige Tage.

Im Nachtklub „Arizona", wo sich Eichmann in Budapest entspannte, vertraute er engen Kollegen seinen Plan an, sämtliche noch lebende Budapester Juden an einem einzigen Tag zu deportieren. Es war eine aufsehenerregende Idee, der „Höhepunkt" seiner Karriere, und sollte am 6. Juli stattfinden. Doch unter erheblichem Druck verlangte Horthy, dass die Deportationen in Ungarn ausgesetzt wurden.

Als Eichmann diese Neuigkeit erfuhr, tobte er vor Wut und schrie, in seiner ganzen Arbeit sei ihm so etwas noch nicht vorgekommen! Das könne er nicht zulassen!

Die Budapester Juden liefen niedergeschlagen durch die Straßen. Einst waren sie so stolz und aufrecht gewesen, und nun gehörten sie zu den Ausgestoßenen. Wie lange würde sich der ungarische Reichsverweser Horthy gegen Eichmann durchsetzen können? Niemand wollte darüber nachdenken.

Stockholm, Juni 1944

In Stockholm war Raoul Wallenberg immer noch ein Zuschauer. Sein Geschäftspartner Koloman Lauer, selbst ein ungarischer Jude, hatte einen US-Diplomaten kennengelernt, Iver Olsen, der für den Kriegsflüchtlingsrat arbeitete. Als Lauer erfuhr, dass Iver Olsen einen Schweden suchte, der sich in Ungarn für die Juden einsetzte, sagte er: „So einen Mann kenne ich." Die Angehörigen von Lauers Frau befanden sich in Ungarn in einer gefährlichen Lage, weswegen Wallenberg bereits seine Hilfe angeboten hatte. Lauer war sicher, dass der junge Mann an dem Projekt interessiert sein würde.

Der Name Wallenberg beeindruckte Olsen stark, denn er kannte Raouls vornehme Cousins als erfolgreiche Groß-industrielle und nüchterne Geschäftsleute. Jacob Wallenberg hatte zwar als Kopf einer schwedischen Handelsdelegation mit dem nationalsozialistischen Deutschland verhandelt und Eisenerzlieferungen für die Kriegsanstrengungen des „Füh-rers" organisiert. Jacob unterhielt aber auch Beziehungen zur deutschen Widerstandsbewegung, die ein Attentat auf Hitler plante; die meisten ihrer Botschaften an die Alliierten und den britischen Premierminister Winston Churchill wurden über ihn weitergeleitet. Inzwischen leitete Raouls zweiter Cousin, Marcus Wallenberg, eine Handelsdelegation nach Großbritannien. Auf diese Weise hielten die beiden Cousins sowohl mit Deutschland als auch mit Großbritannien wich-tige Beziehungen aufrecht.

Raoul traf sich mit Lauer und dem Repräsentanten des Kriegsflüchtlingsrats zu einem Sondierungsgespräch bei ei-nem gemeinsamen Abendessen. Das Gespräch dauerte bis gegen fünf Uhr morgens. Iver Olsen war überzeugt, den rich-tigen Mann gefunden zu haben. Wallenberg war nach dem Treffen erschöpft und gleichzeitig seltsam erregt. Es sollte der Wendepunkt seines Lebens werden.

Weitere Treffen folgten. Wenige Tage später lernte er den

amerikanischen Botschafter Johnson kennen, der sich Olsens Überzeugung anschloss, Wallenberg sei für den Auftrag geeignet. Als schwedischer Diplomat hinter den feindlichen Linien sollte Wallenberg sich als persönlicher Vertreter Präsident Roosevelts für die Rettung der Juden in Ungarn einsetzen.

Raoul Wallenberg war davon überzeugt, dass dieser Auftrag nur unter bestimmten Bedingungen gelingen konnte, und entwarf ein Neun-Punkte-Memorandum: Er verlangte die Vollmacht, sich jedes verfügbaren Mittels bedienen und ohne jede bürokratische Beschränkung arbeiten zu können. Außerdem forderte er exklusive diplomatische Sonderrechte, unbegrenzte finanzielle Mittel, das Recht, mit allen Regierungsbehörden direkt zu verhandeln, und einen rechtmäßigen Status als Diplomat der schwedischen Gesandtschaft.

Diesem Memorandum folgten zwei Wochen intensiver Verhandlungen im Außenministerium in Stockholm. Seine Forderungen wurden vor den Premierminister gebracht und schließlich sogar von König Gustav V. selbst genehmigt.

Mit der Landung der Alliierten in der Normandie am 6. Juni 1944 schien der Krieg eine entscheidende Wende gegen Deutschland zu nehmen. An Eichmanns Plänen änderte sich dadurch nichts, aber möglicherweise wurden die Entscheidungen im schwedischen Außenministerium davon beeinflusst. Auf jeden Fall stimmte man Wallenbergs Ernennung am 30. Juni zu. Er plante, Anfang August nach Budapest aufzubrechen. Im Juli wollte er noch seine geschäftlichen Angelegenheiten ordnen und sich von seinen Freunden verabschieden.

Viele Freunde Raouls waren überrascht, dass er gerade zu so einem gefährlichen Zeitpunkt des Krieges nach Ungarn gehen wollte. Er war bekannt für seine judenfreundliche Einstellung. Den Amerikanern gegenüber hatte er behauptet, er sei selbst ein halber Jude, aber in Wirklichkeit war nur eine Großmutter mütterlicherseits zu einem Viertel jüdisch.

Viveca Lindfors, eine temperamentvolle junge Schauspielerin, die nach seiner Rückkehr aus Palästina mit Raoul befreundet gewesen war, erinnerte sich an einen Abend: „Er nahm mich noch mit in das Büro seines Großvaters, und ich dachte, er wolle mich verführen. Stattdessen fing er an, mir leise, fast flüsternd, zu erzählen, was mit den Juden in Deutschland geschah. Ich konnte es einfach nicht verstehen. Ich glaubte ihm nicht."

Da Wallenbergs Abreise erst in einem Monat stattfinden sollte, beschloss er, diese Zeit zu nutzen und sich mit den Geschehnissen in Ungarn vertraut zu machen. Zu diesem Zweck ließ er sich im Außenministerium die offiziellen Berichte geben. Dort saß er dann über einen Schreibtisch gebeugt und las die schrecklichen Nachrichten. „O Gott", flüsterte er, „hilf diesen Menschen. Hilf mir, ihnen zu helfen …"

Die Berichte waren schon seit einiger Zeit im Umlauf, aber als Wallenberg sie Seite für Seite studierte, wurde ihm heiß und kalt. In diesem Moment, als er in Stockholm diese Seiten umblätterte, wurden Tausende von Juden aus Budapest deportiert …

Nach seinem zweiten Tag im Außenministerium wurde er unruhig. Im Gegensatz zu anderen Beamten in aller Welt, die die gleichen Berichte gelesen hatten, erkannte Wallenberg, dass die Zeit für die ungarischen Juden fast abgelaufen war. Zu seinem Geschäftspartner Koloman Lauer sagte er: „Jeder Tag zählt. Ich muss so schnell wie möglich aufbrechen." Eichmann schickte täglich zehn- bis zwölftausend Juden nach Auschwitz und damit in den sicheren Tod! Wallenberg änderte seine Pläne und setzte den 7. Juli als Abreisetermin fest.

An seinem letzten Abend in Stockholm versammelten sich die Verantwortlichen der jüdischen Gemeinde zu einem Treffen mit dem einunddreißigjährigen Diplomaten. Oberrabbiner Ehrenpreis hatte ihn anfänglich für diese Aufgabe für nicht qualifiziert genug gehalten, aber nun sprach er einen alten talmudischen Segen über ihn und sagte: „Wer sich für die Menschen einsetzt, darf gewiss sein, dass Gott ihm besonderen Schutz gewährt."

Der Geschäftsmann Fritz Holländer erlebte diesen Abend mit. 1980 berichtete er Eleonore Lester: „Es war ein feierlicher Abend. Wir wussten, was schon alles geschehen war, und wir wussten, dass er einen sehr gefährlichen Einsatz vor sich hatte. Aber wir hatten den einen Gedanken: sein Name würde ihn schützen – die Deutschen würden es nicht wagen, einem Wallenberg zu schaden. An die Russen dachten wir keinen Moment."[14]

Wallenberg war offensichtlich gerührt an diesem Abend. Schließlich erhob er sich langsam und dankte jedem für sein Kommen und seine Gebete. Er sagte: „Es ist schon spät, und ich muss meine Sachen noch packen. Leider muss ich jetzt gehen. Vielen Dank, meine Freunde …"

An der Tür umarmte ihn Rabbiner Ehrenpreis und sagte, fast unter Tränen: „Du bist in Gottes Hand."

Früh am nächsten Morgen begleiteten Holländer und Lauer Wallenberg zum Stockholmer Flughafen, von wo er eine Maschine nach Berlin nahm. Dort wollte er noch bei seiner Halbschwester Nina einen kurzen Besuch machen. Sie war mit Gunnar Lagergren verheiratet, einem Attaché der schwedischen Botschaft in Berlin.

Nina freute sich, ihren Bruder zu sehen, aber ihre Gedanken waren sehr mit aktuellen Ereignissen und der in zwei

Monaten bevorstehenden Geburt ihres ersten Kindes beschäftigt.

In der Annahme, Wallenberg werde einige Tage mit seiner Schwester verbringen, hatte der schwedische Botschafter einen Schlafwagenplatz in einem erst zwei Tage später nach Budapest abgehenden Zug reservieren lassen. Als Wallenberg von dieser Verzögerung seiner Reise erfuhr, war er verärgert. Nina erinnerte sich, dass er sagte: „Ich würde gern ein paar Tage bei dir bleiben, aber ich darf keine Sekunde verlieren. Verzeih mir, Nina, aber ich muss mit dem ersten verfügbaren Zug abreisen."

Er studierte die Fahrpläne und fand einen Zug, der am nächsten Morgen nach Budapest abfuhr. Für eine Platzreservierung war es zu spät. Es musste eben so gehen. In dieser Nacht kreisten englische Bomber über Berlin und zwangen Wallenberg, Nina und ihren Mann, sich in einen Luftschutzbunker zu flüchten. Nach einer schlaflosen Nacht küsste Wallenberg seine Schwester und sagte: „Wir sind sicher bald wieder zusammen. Der Krieg kann nicht mehr lange dauern. Er ist bald vorbei, und dann werden wir wieder alle bei Mutter zu Hause sein." Nach einer kurzen Pause fügte er hinzu: „Und ich werde Onkel! Lass es mich gleich wissen, wenn das Kind auf der Welt ist."

Er fuhr zum Anhalter Bahnhof, wo der Budapest-Express bereits wartete. Der Zug war voll besetzt mit Soldaten in Uniform und müden Reisenden, die vor dem Krieg flohen. Wallenberg löste eine Fahrkarte für die Hinfahrt und stieg ein.

Die Nacht verbrachte er auf seinem Rucksack im überfüllten Gang. Sein Gepäck schien eher einem Abenteurer zu gehören als einem Diplomaten: zwei prall gefüllte Rucksäcke und ein Schlafsack. Zwischen seinen Sachen hatte er zusammengeknüllte Zettel mit Namen und Adressen wichtiger Kontaktpersonen in Budapest sorgfältig versteckt. Einige davon waren korrupte ungarische Beamte, die man bestechen konnte, andere Mitglieder des Untergrunds. Außerdem trug er Mitteilungen für jüdische Familien in Budapest bei sich.

Als der Zug Berlin hinter sich ließ, erhaschte er in der Fensterscheibe einen kurzen Blick auf sein Spiegelbild. Seinen Hut hatte er tief ins Gesicht gezogen, dazu trug er einen langen schwarzen Ledermantel und Wanderstiefel. Da musste er lachen. „Ich sehe mehr nach einem Spion aus als nach einem Diplomaten", dachte er und fand es lustig, dass man ihn für beides halten konnte.

Er griff in seine Manteltasche und befühlte den kleinen Revolver, den er gebraucht gekauft hatte. Später erzählte er einem Freund: „Ich habe nicht vor, ihn je zu benutzen. Ich besitze ihn nur, um mir Mut zu machen."

Der Schnellzug, der am 9. Juli 1944 einen erschöpften Raoul Wallenberg nach Budapest brachte, begegnete unterwegs vermutlich einem anderen Zug, dessen neunundzwanzig verschlossene Viehwaggons für Auschwitz bestimmt waren. Die Juden in den Wagen stammten aus ländlichen ungarischen Gebieten. Mit typisch deutscher Genauigkeit konnte Eichmann angeben, dass zwischen dem 14. Mai und dem 8. Juli 437402 jüdische Männer, Frauen und Kinder in 148 Zügen nach Auschwitz transportiert worden waren.

6.
Wallenberg in Budapest

Juli 1944

Das dunkelgrüne Taxi hielt genau vor dem schwedischen Gesandtschaftsgebäude auf dem Gelbertberg in Buda. Raoul bezahlte den Fahrer und ging mit unsicheren Schritten, sein Gepäck fest umklammert, auf das Tor zu. Auf der Straße wartete eine elend aussehende Gruppe von Männern und Frauen mit Papieren und Akten in den Händen. Der gelbe Stern auf ihren Mänteln und Jacken verriet sofort, wer sie waren. „Entschuldigen Sie bitte", sagte er und bahnte sich einen Weg zwischen ihnen hindurch.

Er wurde von Carl Ivar Danielsson, dem schwedischen Gesandten, schon erwartet und den anderen Beamten vorgestellt. Eine Sekretärin brachte einen dampfenden, heißen Kaffee.

Dann klopfte es an der Tür, und ein schlanker, blonder, gut gekleideter Mann betrat den Raum. Lächelnd reichte er Wallenberg die Hand. „Hallo, ich bin Per Anger." Wallenberg erhob sich und begrüßte seinen neuen Kollegen. Die beiden sollten in den kommenden Monaten noch gute Freunde werden und viel zusammen erleben.

„Sie sind also der Mann, den man uns geschickt hat", sagte Anger, „wir haben schon gespannt auf Sie gewartet." Er machte eine kurze Pause und fuhr fort: „Sie sind ein bisschen anders – wenn ich das so sagen darf –, als wir es uns vorgestellt hatten."

Wallenberg folgte seinem Blick. Die Rucksäcke und der Schlafsack entsprachen nicht gerade der üblichen Ausrüstung eines ehrgeizigen jungen Diplomaten. „Aber Sie haben ja auch eine ungewöhnliche Aufgabe hier in Budapest", meinte Anger. „Ja, wir wissen über Ihren Auftrag Bescheid und sollen mit Ihnen zusammenarbeiten und Ihnen helfen."

„Vielen Dank", antwortete Wallenberg. Nach kurzem Schweigen fragte er: „Was sind das eigentlich für Leute dort draußen am Tor? Was wollen sie?"

Anger zögerte. „Sie sehen müde aus und sicher brauchen Sie als Erstes ein heißes Bad. Außerdem haben Sie bestimmt noch viele andere Fragen."

Wallenberg lächelte. „Ich bin wirklich müde, das stimmt, aber ich habe so lange auf diesen Augenblick gewartet. Bitte erzählen Sie mir alles."

Anger musterte diesen Mann, der so aufmerksam und gespannt vor ihm saß. Er wirkte schwach, schüchtern und unauffällig. Mit dem schütteren Haaransatz, dem schlanken Körperbau und der bescheidenen Art schien er ein ungleicher Gegner für die harten, angriffslustigen Nazis und die einheimischen faschistischen Schläger zu sein, die die jüdische Gemeinde terrorisierten. Aber irgendwie … irgendwie strahlte dieser Mann etwas aus – ein Gefühl von Dringlichkeit und Energie.

Anger stand auf. „O. k., Wallenberg, ich sage Ihnen alles, was ich weiß. Aber vorher möchte ich noch etwas Kaffee und ein paar belegte Brötchen für uns kommen lassen."

Raoul Wallenberg war sich bewusst, dass er sich auf eine gefährliche Sache eingelassen hatte. Die Nazis erkannten keine Autorität an und waren sich selbst Gesetz. Ihr Maßstab für die Loyalität eines Landes war, wie man dort mit den Juden umging. Ungarns Reichsverweser Horthy wusste, dass sein Einfluss mehr und mehr schwand. Um ihn herum schmiedeten skrupellose junge Politiker Umsturzpläne, um Ungarn in die Arme des Dritten Reiches zu treiben. Die größte Bedrohung stellten die „Pfeilkreuzler" dar, eine fanatische faschistische Gruppe, deren erklärtes Vorbild die Nazi-Partei war. Ständig machten in Budapest jetzt immer neue Geschichten von Intrigen und politischen Manövern die Runde.

Wallenberg stellte fest, dass die neutralen diplomatischen Vertretungen wie die schwedische und schweizerische Gesandtschaft langsam beiseitegedrängt wurden. Es gab wenig, was man tun konnte.

Die Juden waren eine leichte Zielscheibe, da man sie nur zu deutlich an ihrem gelben Stern erkannte, den sie tragen mussten. Doch Wallenberg entdeckte einen Schwachpunkt in der Strategie des Gegners. In seinen Einsatzbesprechungen und in Gesprächen mit Einwohnern in der Stadt hatte er erfahren, dass ein vom Schwedischen Roten Kreuz herausgegebener „Schutzbrief" bereits mehreren Hundert Juden nützliche Dienste erwiesen hatte. Klöster und christliche Missionen boten auch einigen Kindern Schutz. Man erzählte sich auf der Straße, dass jeder mit Verbindungen nach Schweden oder Reiseplänen dorthin Anspruch auf einen provisorischen Pass der schwedischen Gesandtschaft habe, und 700 Juden hatten sich erfolgreich um dieses Dokument bemüht.

Vilmos Fórgacs, einer dieser 700 Juden mit schwedischem Pass, war verhaftet und in ein Zwangsarbeitslager gesteckt worden, von wo es ins Todeslager weitergehen sollte. Eines Morgens nahm Fórgacs seinen ganzen Mut zusammen und zeigte seinen schwedischen Pass dem diensthabenden deutschen Beamten, der ganz durcheinanderkam und unbedingt korrekt handeln wollte. Er versetzte Fórgacs in ein Internie-rungslager und die schwedische Gesandtschaft konnte ihn dort herausholen.

Ein weiterer Passinhaber, der frühere Industrielle Hugo Wohl, engagierte einen Rechtsanwalt, der seine Forderungen vor Gericht durchboxte. Wohl verlangte, den gelben Stern nicht tragen und auch nicht in einem Haus mit gelbem Stern leben zu müssen. Er trug einen triumphalen Sieg davon und sein Fall ging in die Rechtsgeschichte ein.

Als Wallenberg in seinem Büro in der schwedischen Ge-sandtschaft diese beiden Fälle studierte, hielt es ihn nicht an seinem Schreibtisch. Er sprang auf, marschierte rastlos durch den Raum, redete und redete. Seine Kollegen hörten ge-spannt zu. „Das ist ja unglaublich!", stieß Wallenberg hervor, „man kann diese Todesmaschinerie also doch anhalten, man braucht nur das richtige amtliche Dokument …"

Intuitiv erkannte er, dass er seine Rettungsaktionen auf die Psychologie der Bürokratie gründen musste. Er trat zu sei-nem Schreibtisch und fing an, sich Notizen zu machen.

„Was wir brauchen", sagte er zu seinen Kollegen, „ist ein amtlich aussehendes Dokument, das man als Schutzpass ver-wenden kann. Es muss eindrucksvoll wirken und die persön-liche Unterschrift eines Gesandten tragen. Außerdem sollte das schwedische Wappen darauf sein, wenn möglich sogar in Farbe."

Er zeichnete ein paar Skizzen und fuhr fort: „Es sollte ein Foto des Passinhabers dabei sein, genau wie bei einem richtigen Pass. Dann sieht es aus, als wäre er unterwegs nach Schweden und stünde solange unter unserem Schutz."

Jemand fragte: „Wird Danielsson diesem Plan zustimmen? Schließlich ist es ja nicht die volle Wahrheit, oder?"

„Das können Sie ruhig mir überlassen", antwortete Wallenberg, „ich werde ihn herumkriegen. Größere Sorgen macht mir, ob der Pass auch die Nazis überzeugt. Das amtliche Dokument muss psychologisch einen starken Eindruck auf die SS-Leute machen.«

Wallenberg setzte sich mit den beiden einfallsreichen Juden Fórgacs und Wohl in Verbindung, die die Bürokratie benutzt hatten, um das Nazisystem zu schlagen, und bot ihnen an, in seiner neu gegründeten „Abteilung C" der schwedischen Gesandtschaft zu arbeiten. „Solche Männer wie Sie brauchen wir", sagte er zu ihnen. Nachdem er den Schutzpass selbst entworfen hatte, beauftragte er sie, einen Drucker dafür zu finden.

Der Schutzpass wurde vom schwedischen Gesandten Danielsson und von Wallenberg unterzeichnet, und zunächst wurden 800 Exemplare gedruckt. Durch seine geschickte Verhandlungtaktik erreichte Wallenberg, dass diese Zahl erhöht wurde. Als in der jüdischen Untergrundbewegung Fälschungen auftauchten, drückte er beide Augen zu. Dank seines Einflusses wurde der Schutzpass als rechtsgültiges Dokument anerkannt, obwohl er im Grunde nur ein Schwindel war, ein Zauberkunststück ohne irgendwelche Geltung nach internationalem Recht.

Der Schutzpass erwies sich als Geniestreich. Wallenberg wusste, dass viele der Nazi-Soldaten und ihrer ungarischen Helfer relativ ungebildete junge Männer waren, die sich von einem amtlich aussehenden Dokument beeindrucken lassen würden. Er berücksichtigte auch die Macht der Propaganda. Aus diesem Grund ließ er riesige Plakate mit einer Abbildung des neuen Schutzpasses drucken und in der ganzen Stadt aufhängen. Sie verkündeten die Authentizität des Dokumentes, das dem Inhaber alle schützenden Rechte einer schwedischen Staatsangehörigkeit garantierte. Diese Plakataktion sollte die Nazis mit der scheinbaren Echtheit des Passes vertraut machen.

Wallenbergs „Abteilung C" entstand über Nacht, aber „innerhalb einer Woche wurde sie so fachmännisch geführt, dass es schien, als existiere sie mindestens schon ein Jahr", erinnerte sich ein Augenzeuge. An der Rezeption waren einige Leute für Anfragen zuständig und gaben Antragsformulare aus. Stühle, Schreibtische, Aktenschränke und Schreibmaschinen bildeten die Ausstattung eines viel gefragten Büros zur Herstellung und Verbreitung des Schutzpasses.

Die finanzielle Unterstützung kam nicht nur vom Kriegsflüchtlingsrat, sondern auch von wohlhabenden jüdischen Familien und jüdischen Organisationen in Budapest. Wallenberg stellte sich seinen Mitarbeiterkreis für die „Abteilung C" selbst zusammen. Innerhalb weniger Tage hatte er über 40 Leute gefunden, die drei Gebäude füllten. Außerdem kaufte er mehrere Autos von jüdischen Geschäftsleuten.

Wallenberg suchte auch das Büro des Judenrats in der Sipstraße 12 auf und überreichte einen Einführungsbrief des Stockholmer Oberrabbiners. Jetzt lernte er den Ratsvorsitzenden Samu Stern und andere Gemeindevorsteher kennen. Mit ernsten Gesichtern saßen sie vor diesem offenbar etwas naiven jungen Diplomaten, der ihnen sagte, er sei auf ihrer Seite. Welche Hoffnung konnte er für sie angesichts der Macht der Nazis und Eichmanns Wüten noch bedeuten? Er stand doch als einzelner Mann gegen einen Sturm.

„Danke, danke", sagte ein Mitglied des Judenrats höflich.

In dem Büro traf Wallenberg auch Dr. Ernö Petö, dessen Sohn László er schon als Kind in einem Sommerlager am

Genfer See kennengelernt hatte. László Petö sollte in den nächsten Monaten viel mit Raoul erleben.

Raouls erste Rettungsaktion war jedoch ein Misserfolg. In seinen ersten Tagen in Budapest wanderte er durch die unbekannteren Viertel der Stadt zu einer Adresse, die er in Schweden auswendig gelernt hatte. Koloman Lauer, sein Geschäftspartner in Schweden, hatte ihn gebeten, mit den Angehörigen seiner Frau Kontakt aufzunehmen, und Wallenberg hatte sich dazu gerne bereit erklärt. Als er die Straße endlich fand und an die Tür klopfte, erfuhr er, dass die Familie bereits von den Nazis deportiert worden war. Es war seine erste schmerzhafte Enttäuschung. Wäre er doch früher gekommen …

Seiner ersten Rückmeldung nach Schweden (über die Diplomatenpost) legte er eine Notiz an seine Mutter bei. „Bitte lade die Lauers zu dir ein", schrieb er, „ich traue mich nicht, ihnen zu sagen, dass Marikas Eltern und ein kleines Kind der Familie bei einer Deportation gestorben sind. Ich bringe es nicht übers Herz, ihnen das selbst zu sagen."

Nach diesem Besuch war er missmutig und niedergeschlagen. Das lag auch daran, dass er die volle Bedeutung des relativ harmlosen Wortes „Deportation" und die wahren Schrecken der Todeslager erst noch richtig begreifen musste. Eine Woche nach seiner Ankunft in Budapest kam Wallenberg ein Dokument in die Hände, in dem Augenzeugen die Tötungsmaschinerie von Auschwitz beschrieben. Diese als „Auschwitz-Protokolle" bekannten Berichte waren von fünf aus dem Lager entflohenen Häftlingen herausgeschmuggelt worden.

Für Wallenberg waren diese Unterlagen eine schockierende Lektüre. Am 17. Juli, zehn Tage nach seiner Ankunft, kabelte er einen Auszug davon an das schwedische Außenministerium als Teil seiner ersten Meldung nach Hause. Der Bericht beschrieb Einzelheiten der rund um die Uhr betriebenen Gaskammern und Krematorien. Er erwähnte auch die Kastrationen und die Orchester, die beliebte Walzer spielen mussten, um das Schreien der Opfer zu übertönen, die in Gruppen von 200 bis 300 Personen erschossen wurden, nachdem man sie gezwungen hatte, ihr eigenes Grab auszuheben.

Die Veröffentlichung der „Auschwitz-Protokolle" in der ganzen Welt erregte großes Aufsehen und führte dazu, dass die Deportationen in Ungarn vorläufig eingestellt wurden.

Wallenberg hatte den ungarischen Reichsverweser Horthy um ein Treffen ersucht, und dies wurde ihm Anfang August gewährt. Wallenberg ließ sich von seinem hohen Gesprächspartner und dem beeindruckenden königlichen Palast auf dem Berg Buda nicht einschüchtern. Er wusste, wie viel auf dem Spiel stand, und wollte diese Gelegenheit nicht ungenutzt verstreichen lassen. Es bestand die Gefahr, dass der alternde Reichsverweser Horthy die verbliebenen Juden in Budapest den Nazis ausliefern würde, da er dem deutschen Druck kaum mehr standhielt. Wallenberg warnte ihn davor, das zu tun. Schließlich würden die Alliierten einen solchen Schritt sicherlich vergelten; es würde ein Tag der Abrechnung kommen … Das Gespräch war kurz und Wallenberg wurde völlig formlos entlassen.

„Er ist eine beeindruckende Gestalt", erzählte er später seinen Kollegen in der Gesandtschaft, „aber bei meiner Audienz fühlte ich mich ihm moralisch überlegen."

Wallenberg verstand es, seinen Einfluss geltend zu machen, und lernte, keine Gelegenheit zu versäumen. Im Innenministerium bahnte er sich mit Überredung und Bestechung einen Weg durch das Gewirr von Akten, Formularen und Vorurteilen. Er war hartnäckig und unerhört einfallsreich. Wurde er in die Enge getrieben, hielt er plötzlich einen dicken Stoß Banknoten in der Hand. Fast immer bekam er, was er wollte.

Unter Einsatz aller Mittel erhöhte er die Quote der Schutzpässe erst einmal auf 2800 Exemplare. (Weitere 2000 Schutzpässe wurden ohne Genehmigung der ungarischen Regierung gedruckt.)

Gleich am nächsten Tag tauchte Wallenberg wieder mit einer Liste von Forderungen auf. „Meine Mitarbeiter sind mit offiziellen Angelegenheiten für die schwedische Regierung beschäftigt", erklärte er, „ich sehe nicht ein, warum sie mit solchen Formalitäten belästigt werden sollten wie dem Tragen eines gelben Sterns an ihrer Kleidung. Das behindert unsere Arbeit, wissen Sie. Ich verlange, dass sie eine Sondergenehmigung bekommen und von dieser Formalität befreit werden."

Als der müde ungarische Beamte erklärte, dass die Gesetze des Landes nun einmal von allen Juden beachtet werden müssten, gab Wallenberg zurück: „Aber das bedeutet für meine Mitarbeiter, dass sie nur ein paar Stunden am Tag das Haus verlassen können. Und das heißt, dass sie in ihrem offiziellen Dienst für die schwedische königliche Regierung behindert werden." Nach einer kurzen Pause fuhr er mit ernster Stimme fort: „Natürlich wissen Sie, dass ich das meiner Regierung melden muss."

Stoß und Gegenstoß, Argument und Gegenargument. Wallenberg war nicht kleinzukriegen. „Wenn Sie mir keine Antwort geben können" – er erhob sich mit einem Unheil verkündenden Blick –, „dann muss ich die Sache mit dem Reichsverweser selbst klären. Ich wollte ihn wegen einer solchen Kleinigkeit eigentlich nicht belästigen, aber jetzt muss es eben doch sein. Ich habe keine andere Wahl."

Vielleicht war das nur Bluff, aber Wallenberg war offiziell ein leitender Diplomat. Der Beamte gab sich geschlagen. „Herr Wallenberg, Sie sind ein ausgezeichneter Verhandler", sagte er, „wir werden Ihren Mitarbeitern genehmigen, vom Tragen des gelben Abzeichens ausgenommen zu sein. Uns liegt sehr viel an einer guten Zusammenarbeit mit Ihrer Regierung. Ich hoffe, Sie sind zufrieden." Er erhob sich, irgendwie erleichtert, dass der Kampf vorbei war. War es wirklich so schlimm, wenn ein paar Juden den gelben Stern nicht trugen?

Wallenberg beugte sich auf seinem Stuhl nach vorn, ganz der eifrige Politiker. „Ich bin froh, das zu hören, aber was ist mit den anderen Forderungen der schwedischen Regierung?"

Der Beamte kam ganz durcheinander; er wusste wirklich nichts von irgendwelchen weiteren Anfragen. „Aber was meinen Sie denn damit – andere Forderungen? Wovon reden Sie?"

Jetzt war es an Wallenberg, ein verwirrtes Gesicht zu machen. „Sind Sie denn von Ihren Mitarbeitern nicht informiert worden?"

„Ja, doch, ich wurde schon informiert. Man sagte mir, Sie seien sehr … ja, wie soll ich es nennen … sehr überzeugend in Ihren Argumenten, und dass Ihre Mitarbeiter Schwierigkeiten hätten wegen der Pflicht, den gelben Stern zu tragen. Das ist alles, was wir tun können. Was wollten Sie denn noch?"

Wallenberg entspannte sich und ließ sich Zeit, sein Ziel zu umkreisen. „Also, wie ich es schon erklärte: Was ich will und was die schwedische Regierung fordert, ist, dass meinen Mitarbeitern gestattet wird, in ihren eigenen Häusern zu wohnen und nicht in die ‚Judenhäuser‘ gebracht zu werden."

Der Beamte war verblüfft. Wallenberg packte die Gelegenheit beim Schopf und entfaltete eine beeindruckende und komplizierte Begründung, warum es absolut notwendig war, dass sein gesamter Mitarbeiterstab nicht in die speziell gekennzeichneten Häuser für Juden, also ins Ghetto zog, sondern die Genehmigung erhielt, in den eigenen Häusern zu bleiben. Es war ein Glücksspiel, aber Wallenberg setzte alles auf Gewinn. Er schloss: „Wie ich schon sagte, ist das die Forderung meiner Regierung. Ich hoffe, Sie werden sich mit mir einigen."

Der Beamte durchwühlte die Papiere auf seinem Schreibtisch. Er lehnte sich in seinen Stuhl zurück und schien sich nicht im Klaren über seine nächsten Schritte zu sein.

Ohne zu warten, schoss Wallenberg die nächste Salve ab. Wenn er seinem Außenministerium einen ungünstigen Bescheid berichten müsse, sinnierte er laut, würde die schwedische Regierung wohl keine andere Wahl haben, als eine offizielle Beschwerde einzulegen. Wer wusste, wohin das führen konnte? Vielleicht würde man sogar dem Minister selbst die Schuld geben …

Er spürte, dass der Durchbruch nahe war, und warf den Köder aus. Wenn man diese kleine Angelegenheit schnell klären könne, es handele sich ja auch nur um ein winziges Zugeständnis, dann werde es sich für den Beamten reichlich lohnen …

Diese Andeutung genügte.

Wallenberg hatte einen zweiten bedeutenden Sieg errungen. Seine Mitarbeiter, alles Juden, mussten den gelben Stern nicht mehr tragen, der ihre Bewegungsfreiheit in der Stadt einschränkte und sie zu einer leichten Beute machte, und ihnen wurde auch erspart, ins Ghetto gesteckt zu werden. Aber genauso wichtig war, dass Wallenberg seine Glaubwürdigkeit unter Beweis gestellt und sich als ernst zu nehmende Kraft gezeigt hatte, die vor nichts haltmachte.

Dieser dreiste Stil löste einen gewissen Schock in der schwedischen Gesandtschaft aus. Durfte ein schwedischer Diplomat so handeln? Eine Kontroverse darüber war unvermeidlich, und Wallenberg wurde ins Büro des Gesandten Danielsson vorgeladen, um eine Menge Fragen über sich ergehen zu lassen.

Lars Berg, ein Attaché in der Gesandtschaft, erinnert sich, dass manche dieser unangenehmen Diskussionen Stunden dauerten. „Aber zum Schluss gewann Wallenberg immer. Das lag zum Teil daran, dass er so stur war, aber zum anderen hatte er schließlich immer ein sehr schwerwiegendes Argument – Menschenleben zu retten."

(Das wohlhabende, neutrale Schweden war sowohl für die Nazis wie auch für die ungarische Regierung ein einflussreicher Spieler. Die Deutschen führten den Zweiten Weltkrieg mithilfe von großen Mengen Eisenerz, das Schweden ihnen lieferte. Sie verschonten Schweden vor dem Krieg auch darum, weil das neutrale Land der Wehrmacht freien Durchzug nach Norwegen gewährte. Die Ungarn wollten es sich nicht mit diesem neutralen Staat verscherzen – wer weiß, wozu man seine Unterstützung noch würde brauchen können; d. Übers.)

Die ersten Wochen in Budapest waren für Wallenberg voller Trubel gewesen. Mit Eifer und Hingabe hatte er sich in die Erfüllung seines Auftrags gestürzt. Er setzte sich nicht nur persönlich sehr ein, sondern wusste genau, was zu welchem Zeitpunkt möglich und nötig war.

Was als Abenteuer angefangen hatte, war zur Mission geworden. Er schien überall gleichzeitig zu sein.

Nachdem er nach Ungarn ausgestrahlte Radiosendungen gehört hatte, telegrafierte er seinem eigenen Außenministerium: „Sie drohen denjenigen, die für die antisemitischen Verfolgungen verantwortlich sind, harte Strafen wegen Kriegsverbrechen an. Aber Sie sollten auch von Nachsicht und Milde sprechen und damit zu einer Änderung der gegenwärtigen Haltung ermutigen."

In einem seiner ersten Berichte nach Stockholm schrieb er im Juli: „Es ist unbedingt notwendig, die Juden aus ihrer Apathie aufzuwecken. Sie dürfen nicht länger das Gefühl haben, im Stich gelassen zu sein."

7.
Der rettende Schutzpass

Budapest, August 1944

Der von Wallenberg entworfene Schutzpass brachte Budapest in Bewegung. Das Hauptpostamt war ständig belagert, weil Juden das Stockholmer Telefonbuch nach Namen und Adressen von unbekannten Schweden durchforsteten, die ihnen vielleicht irgendwie weiterhelfen könnten. Das Einzige, was man für einen Schutzpass brauchte, war der Nachweis einer Verbindung – egal welcher Art – zwischen dem Antragsteller und einer Person in Schweden. Wen wunderte es, dass das Stockholmer Telefonbuch schließlich aus der Hauptpost entfernt wurde!

Der Schutzpass gab seinen jüdischen Inhabern moralischen Auftrieb. „Er verschaffte uns irgendwie wieder das Gefühl, ein Mensch zu sein", sagte Edith Ernster, eine der ersten Empfängerinnen dieses Passes.

Natürlich konnte nur ein kleiner Teil der Juden mit Schutzpässen versorgt werden. Es gab noch ungefähr 175 000 Juden in Budapest. Daher mussten irgendwelche Auswahlkriterien festgelegt werden.

Wallenbergs „Abteilung C" wurde regelrecht belagert. Jeden Tag wurde die Schlange der wartenden Bittsteller länger. Wallenberg war hin- und hergerissen zwischen seinem Wunsch, allen einen Schutzpass auszuhändigen, und der Notwendigkeit, eine gewisse Auswahl zu treffen. Er wusste, dass die Wirksamkeit des Schutzpasses von seiner Glaubwürdigkeit abhing, wenn wenigstens ein paar Juden dadurch gerettet werden sollten. Mitte August hatten 9000 Juden einen Antrag auf einen Schutzpass gestellt, und es gab doch vorläufig nur 4500 Stück zu vergeben.

Als Wallenberg eines Abends aus seinem Büro in der Minervastraße trat, sah er eine hilflos schluchzende Frau neben dem Tor sitzen. Sie hielt ein Kind im Arm, und ein kleiner Junge stand abwartend neben ihr. Wallenberg trat auf sie zu und legte ihr tröstend seinen Arm um die Schulter. „Kann ich Ihnen irgendwie helfen?", fragte er sie, nachdem sie ihre Tränen mit seinem Taschentuch getrocknet hatte.

Die Frau erklärte ihm, dass irgendjemand in dem Büro „rettende Pässe" verteile. Seit einer Woche war sie jeden Tag zu diesem Tor gekommen, aber sie glaubte inzwischen nicht mehr daran, dass sie je den Anfang der Schlange erreichen würde. Jeden Tag schienen dort noch mehr Leute zu warten.

Wallenberg starrte sie einen Moment lang an. Wie konnte er jetzt einfach weitergehen und sie als ein Häufchen Elend auf dem Bürgersteig sitzen lassen? Er fragte nach ihren persönlichen Angaben, half ihr aufzustehen und bat sie zu warten. Die Frau hatte keine Ahnung, wer er war, aber sie gehorchte. Nach einer Viertelstunde kehrte er zurück und gab ihr einen versiegelten braunen Umschlag. Ein lebensrettender Schutzpass lag darin.

Innerhalb eines Monats hatte sich Wallenbergs Unternehmen explosionsartig vergrößert. Er verlegte die „Abteilung C" aus der schwedischen Gesandtschaft in zwei angrenzende Gebäude. Mit den unbeschränkt zur Verfügung stehenden Geldern richtete er eine Feldküche und zwei Krankenhäuser ein. Eine Druckerei im Untergrund sorgte für Schutzpässe und andere benötigte Dokumente. Zu Beginn wurden etwa

250 Mitarbeiter eingestellt, später erhöhte sich die Zahl der rund um die Uhr an der Seite ihres Vorgesetzten arbeitenden Männer und Frauen auf 400. Viele von ihnen waren Menschen mit Führungsfähigkeiten, die Wallenberg speziell zur Leitung der inzwischen riesigen Operation ausgewählt hatte. Andere schlossen sich Wallenbergs Netz an, nachdem er sie persönlich aus den Fängen der SS befreit hatte.

Wallenberg passte nicht in das traditionelle Bild des unnahbaren, unzugänglichen Diplomaten. Er war ein Mann des Volkes, einer von ihnen. Sein Handeln war manchmal sehr umstritten, aber am Ende machte es Schule. So griffen die anderen neutralen Botschaften in Budapest – Spanien, Portugal, die Schweiz, El Salvador und der Vatikan – seine Idee auf und gaben ebenfalls Schutzpässe heraus. Die schweizerischen Schutzpässe wurden sehr beliebt und fanden große Verbreitung. Einige neutrale Diplomaten folgten Wallenbergs Initiative und entwickelten ein persönliches Interesse am Leid der Juden.

Doch der von der „Abteilung C" herausgegebene Schutzpass erwies sich als der wirksamste. Er sah amtlich aus, war persönlich vom schwedischen Gesandten und von Wallenberg unterzeichnet, zweifarbig gedruckt und mit einem Foto des Passinhabers versehen. Das Wichtigste aber war, dass Wallenberg und sein Netzwerk persönlich hinter dem Pass standen.

Die Schutzpässe hatten auch eine gewisse humorvolle Seite. Wenn ein orthodoxer Jude mit traditionellem Hut, langem Bart und Locken an der Seite durch die Straßen ging, riefen seine Freunde: „Seht mal, da geht wieder ein Schwede!"

Wallenbergs nächster Plan war ebenfalls originell. Aus

der Erfahrung, dass die Juden von Mitgliedern der faschistischen Partei der Pfeilkreuzler immer wieder angegriffen und ihre Häuser leicht zu Zielscheiben wurden, gründete er im November Schwedische Schutzhäuser für „internationale Juden" – eben für jene, die im Besitz schützender Papiere waren.

Im sogenannten Internationalen Ghetto, das auch unter dem Namen „Fremdenghetto" bekannt wurde, kamen auf seine Initiative hin Juden unter, die keine schützenden Papiere besaßen.

Zugleich erkannte Wallenberg aber auch die Gefahr, die weiterhin von der SS ausging. Daher galt es, vorsichtig zu sein.

Eine zentrale Figur in Ungarn war Polizeichef László Ferenczy. Unter deutscher Besatzung hatte er sich durch seine enge Zusammenarbeit mit der SS einen Namen gemacht, als es um die zügige Durchführung der Judendeportationen aus den ländlichen Gebieten Ungarns nach Auschwitz ging. Jetzt war er der offizielle Verbindungsmann zwischen Eichmann und der ungarischen Regierung.

Die Erlaubnis, die „internationalen Juden" in Schutzhäusern unterzubringen, konnte nur Ferenczy geben.

Da Wallenberg kein Ungarisch sprach, bat er Frau Elisabeth Kasser, eine ehrenamtliche Helferin des Ungarischen Roten Kreuzes, ihn als Übersetzerin zu begleiten. Auch ihr Mann, Alexander Kasser vom Schwedischen Roten Kreuz, ging mit. Sie berichtete später: „Wallenberg war wütend, weil man uns so lange im Vorraum von Ferenczys Büro warten ließ. Schließlich kam Ferenczy zu uns und hielt uns einen langen Vortrag, dass wir uns schämen sollten, den Juden zu helfen, und was für schreckliche Menschen die Juden seien."

Nach beharrlichen Verhandlungen setzte Wallenberg seinen Willen durch. Ferenczy erteilte die Genehmigung, dass drei Gebäude unter schwedischen Schutz gestellt werden durften. 650 Leute durften dort untergebracht werden, die, sobald es die Umstände erlaubten, nach Schweden ausreisen sollten. In einem Anfall guter Laune gab Ferenczy auch dem Schwedischen Roten Kreuz die Erlaubnis, ähnliche Häuser zu unterhalten.

„Kaum waren wir außer Sichtweite des Gebäudes", fährt Frau Kasser fort, „da umarmten wir uns und vollführten auf der Straße eine Art indianischen Regentanz."

Die Schwedischen Schutzhäuser bildeten die Vorstufe des späteren Internationalen Ghettos. 35 000 Juden mit ausländischen Pässen sollten sich in diesen Schutzhäusern einmal zusammendrängen, in der Hoffnung, dem Todesengel zu entgehen.

Wallenberg kehrte in sein Büro in der Minervastraße zurück und beauftragte einen Mitarbeiter, riesige schwedische Flaggen herzustellen, die neben dem Judenstern vor den Schutzhäusern aufgehängt werden sollten. Im Laufe der Zeit kaufte Wallenberg nicht weniger als 30 Gebäude, die zum Teil als Schulen, Feldküchen und Krankenhäuser benutzt wurden. Eines der Gebäude wurde zum Zufluchtsort für 5000 Kinder, deren Eltern schon deportiert oder getötet worden waren.

Von diesem Beispiel angeregt, drängten auch das Internationale Rote Kreuz und andere neutrale Botschaften auf die Genehmigung für eigene Schutzhäuser. Nach dem Krieg fand man ungefähr 50 000 überlebende Juden im Internationalen Ghetto, 25 000 davon direkt unter dem Schutz Wallenbergs.

Nicht alle waren von Wallenbergs Plänen begeistert. In

der Schwedischen Gesandtschaft hatte man den Eindruck, Wallenbergs Art der Diplomatie weise einige Mängel auf. Iver Olsen vom amerikanischen Kriegsflüchtlingsrat, der Wallenberg ursprünglich für diese Aufgabe vorgeschlagen hatte, befand sich in einer Zwickmühle. Er telegrafierte nach Washington: „Ich habe den Eindruck, im schwedischen Außenministerium ist man etwas beunruhigt über Wallenbergs Aktivitäten in Budapest; wahrscheinlich findet man, er habe etwas zu viel Staub aufgewirbelt. Ich bin sicher, dass sie es lieber gesehen hätten, wenn er das Judenproblem auf die übliche diplomatische Art angegangen wäre, aber das hätte bedeutet, den Juden gar nicht zu helfen."

Unter dem Druck der vorrückenden alliierten Armeen veranstalteten Eichmann und der ungarische Reichsverweser ein Tauziehen um die noch in Budapest lebenden Juden. Eichmann wollte unbedingt sämtliche Juden in Budapest vernichten, bevor der Krieg zu Ende war. Der ungarische Reichsverweser versuchte dies zu verhindern. Als neuen Termin für die Deportationen legten die Deutschen den 5. August 1944 fest – einen Tag nach Wallenbergs zweiunddreißigsten Geburtstag.

Horthy studierte sorgfältig die Lage. Die Deutschen befanden sich politisch und militärisch in einer schwierigen Position. Die Rote Armee rückte inzwischen immer näher an Ungarn heran. Horthy entschloss sich zu einem taktischen Schachzug. Er entließ den mit den Nazis kooperierenden Innenminister Andor Jaross samt einiger seiner Mitarbeiter. Damit gelang es ihm, die Deportationen der Juden zu stoppen. Denn Horthy unterstand jetzt die örtliche Gendarmerie, und ohne sie konnte es keine Deportationen mehr geben.

Eichmann tröstete sich über diese Niederlage mit Zechereien im Nachtklub „Arizona" und ausschweifenden Nächten im Hotel Majestic. Man hatte ihn ausmanövriert. Für den Moment.

Den ganzen August über kämpfte Horthy an zwei Fronten. Zum einen versuchte er, sein Kabinett zu festigen, zum anderen musste er dem Druck der Nazis widerstehen. Er hoffte, zu einem Waffenstillstand mit Churchill und Roosevelt zu gelangen. Da sich das Kriegsgeschehen zugunsten der Alliierten gewendet hatte, bemühte sich der ungarische Reichsverweser um eine Verständigung mit ihnen.

Eichmann gab jedoch nicht auf. Er setzte einen neuen Termin für die Deportationen fest, den 25. August. Aber Ferenczy ließ diese Neuigkeit zu Wallenberg und den jüdischen Vertretern durchsickern. Wallenberg organisierte sofort einen energischen offiziellen Protest an Reichsverweser Horthy. Diese Intervention fiel in einen strategisch günstigen Augenblick.

Am 24. August, einen Tag vor den neuen Deportationen, ergab sich Rumänien den Sowjets und erklärte zugleich Deutschland und Ungarn den Krieg. Damit war Ungarns südliche Grenze für die Rote Armee offen, und Horthy war überzeugt, dass die Deutschen den Krieg verloren hatten. Um seine Position bei den Alliierten zu verbessern, sagte er die Deportationen erneut sofort ab.

Am gleichen Tag telegrafierte auch Himmler aus Berlin an Eichmann, die Deportationen einzustellen.

Eichmann war ein geschlagener Mann. Er bereitete sich darauf vor, Budapest zu verlassen, und zog in die Burg Velem in der Nähe der österreichisch-ungarischen Grenze.

Horthy bildete eine neue Regierung und schloss die ungarische Nazipartei, die Pfeilkreuzler, aus. Mitte September waren gerade noch an die 450 Juden in Internierungslagern, und diese befanden sich nun unter Horthys Obhut. Damit entspannte sich die Situation der Juden in Budapest. Sie konnten sich wieder freier auf den Straßen der ungarischen Hauptstadt bewegen.

Wallenberg begann aufgrund dieser Situation, seine Tätigkeiten einzuschränken. Er verringerte seinen Mitarbeiterstab auf ungefähr 100 Angestellte und betrachtete seinen Auftrag als fast abgeschlossen.

In einem offensichtlich als Abschlussbericht verstandenen Brief aus Budapest schrieb er an Iver Olsen: „Wenn ich jetzt auf diese drei Monate zurückblicke, die ich hier verbracht habe, dann kann ich nur sagen, dass das für mich eine sehr interessante Erfahrung war und, wie ich glaube, nicht ohne positive Ergebnisse. Als ich hier ankam, war die Lage der Juden tatsächlich äußerst schlecht. Die Entwicklung der militärischen Ereignisse und eine natürliche psychologische Reaktion der Ungarn haben vieles geändert. Wir in der Schwedischen Gesandtschaft waren vielleicht nur ein Instrument, um die Einflüsse von außen in Aktivitäten der verschiedenen Regierungsämter überzuleiten. Ich bin in dieser Hinsicht mit sehr viel Nachdruck aufgetreten, obwohl ich mich natürlich innerhalb der Grenzen halten musste, die mir als Neutralem gezogen waren.

Die ganze Zeit über war es mein Ziel, den Juden zu helfen. Das konnte nur dadurch geschehen, indem man eine ganze Gruppe von Juden ihrer Sterne entledigte. Dabei ging ich von der Annahme aus, dass die, die den Stern nicht mehr tragen müssen, dann ihren Schicksalsgenossen helfen können. Ich habe mich auch bemüht, die Leute aufzuklären, die hier für die Juden zuständig sind. Ich bin ganz sicher, dass es auf unsere Aktivität zurückzuführen ist – und daher letzten Endes auf Ihre –, wenn die internierten Juden zum jetzigen Zeitpunkt frei sind (gemeint waren die oben erwähnten ca. 450 Internierten; d. Übers.). Ihre Zahl geht in die Hunderte ...

Mr Olsen, bitte glauben Sie mir, dass Ihre finanzielle Hilfe für die ungarischen Juden unerhört viel Gutes bewirkt hat. Ich glaube, sie können Ihnen wirklich sehr dankbar sein, dass Sie die schwedische Aktion angeregt und auf diese großartige Weise gefördert haben."[15]

Wallenberg glaubte, seine Arbeit in Ungarn sei zu Ende. Er war der festen Überzeugung, dass die sowjetische Armee bald in Ungarn eintreffen werde. Seine Gedanken wanderten zu seiner eigenen bewegten Laufbahn und seiner unmittelbaren Zukunft in Stockholm. Er schrieb seinem Freund und Partner Koloman Lauer und bat ihn, sich mit seinem Cousin Jacob Wallenberg in Verbindung zu setzen und anzufragen, ob er nach seiner Rückkehr einen Posten im Wallenberg-Imperium erhalten könne.

„Ich werde versuchen, ein paar Tage vor dem Eintreffen der Sowjets von hier abzureisen", schrieb er seiner Familie.

Mit seinen Gedanken schon halb in Schweden, widmete sich Wallenberg noch den anfallenden Aufgaben in Budapest. Er erreichte eine längere Ausgangszeit für die Juden, von acht bis zwanzig Uhr, und die Erlaubnis, die Synagoge wieder zu eröffnen. Er bemühte sich auch um die Freilassung der noch in Gestapo-Gefängnissen inhaftierten Juden.

8.
Rettungsmission

Budapest, 15. Oktober 1944

Es hieß, ein Sonderbeauftragter der ungarischen Regierung sei heimlich nach Moskau geflogen worden, um die Bedingungen für die Kapitulation Horthys auszuhandeln. Auch Wallenberg hatte dieses Gerücht gehört.

Da sich die Rote Armee nur noch achtzig Kilometer südlich von Budapest befand, war Horthys Verhandlungsposition schwach und er erklärte sich bereit, seinen Rückzug am 18. Oktober bekannt zu geben.

Am 10. Oktober wurde plötzlich ein ungarischer Heeresgeneral in Budapest entführt. Horthy, der einen Staatsstreich befürchtete, änderte seinen Zeitplan und entschloss sich, seinen Waffenstillstand mit den Russen schon drei Tage früher, am 15. Oktober, auszurufen.

Gegen Mittag des 15. Oktobers hörten Wallenberg und fast die gesamte Budapester Bevölkerung im Radio die Erklärung des Reichsverwesers, der Krieg sei zu Ende. Seine Rede wurde mit einem Freudenjubel aufgenommen. Endlich war der Krieg aus!

In ganz Budapest wurden die Türen aufgestoßen, die Leute strömten auf die Straße und feierten. Die Juden warfen ihre gelben Sterne auf die Straße und zerrissen sie; manche entfachten Freudenfeuer.

Plötzlich war es im Radio still. Ein paar Sekunden lang wusste niemand, was geschah. Dann ertönte statt der Bekanntgabe des Waffenstillstands plötzlich Musik. Deutsche Marschmusik. Eine andere Stimme war zu hören. Die Freude auf den Gesichtern verwandelte sich in Schrecken. Ein Staatsstreich! Die gefürchteten Pfeilkreuzler hatten die Macht ergriffen!

Die Pfeilkreuzler waren eine gewalttätige antisemitische Faschistengruppe, die sich als ungarische nationalsozialistische Partei verstand. Ihr Führer Ferenc Szálasi wurde als Staatschef ausgerufen. Wenige Stunden später hatten die Nazis und die Pfeilkreuzler die strategisch wichtigen Punkte Budapests eingenommen und waren damit wieder die Herren der Stadt.

Diese Neuigkeit wurde Wallenberg durch sein Informantennetz bestätigt. Es war weithin bekannt, dass der schwedische Diplomat für alle Informationen zahlte, seien sie gut oder schlecht. Ein Informant wusste zu berichten, dass Horthys Sohn entführt worden war und sich in deutschen Händen befand, wodurch der alte Reichsverweser gezwungen war, sich zu ergeben. Am nächsten Tag wurde er nach Deutschland ins Exil gebracht und sein Sohn ins Konzentrationslager Mauthausen deportiert.

Szálasis Staatsstreich löste eine Welle brutaler Terroraktionen aus. Wieder einmal waren die Juden die Opfer. Mit Repetiergewehren, Maschinengewehren und Granaten bewaffnete Jugendliche streunten durch die Straßen und plünderten und erschossen die Juden, die ihnen über den Weg liefen. Die Leichen ließen sie einfach in den Straßen liegen.

Ein besonders schrecklicher Anblick war die schwarz gekleidete Gestalt des berüchtigten Paters Andras Kun, der – in der einen Hand ein Kruzifix und in der anderen einen Revolver – als Anführer einer Terrorgruppe durch die Straßen zog. Jüdische Männer und Frauen wurden von seiner Bande ergriffen, in Judenhäuser zurückgebracht, zusammengeschlagen und wieder auf die Straße gezerrt, wo sie erschossen und anschließend in die Donau geworfen wurden.

Schon wieder ging eine Selbstmordwelle durch die Gemeinde der Budapester Juden, abermals herrschte panische Angst. Die durch den gelben Stern gekennzeichneten jüdischen Häuser wurden versiegelt. Zehn Tage lang durfte niemand das Haus verlassen oder betreten. Die Kranken konnten nicht gepflegt, die Toten nicht begraben werden und viele Menschen verhungerten. Es gab Christen, die Juden bei sich versteckt hielten. Sie gingen das Risiko ein, angezeigt zu werden und damit dem gleichen tödlichen Schicksal anheimzufallen wie ihre vom Unglück verfolgten Freunde.

Eine gespannte Stille lag über der Stadt. Was die nächtlichen Terroraktionen der vergangenen Nacht übrig gelassen hatten, war überall zu sehen. Leichen trieben in der Donau und lagen auf den Straßen. Gesichter erschienen an den Fenstern; kaum jemand wagte sich aus dem Haus.

Wallenberg fühlte ein herbstliches Frösteln, als er in sein Büro ging und dort auf seine Mitarbeiter wartete. Doch niemand erschien zur Arbeit. Viele hatten Angst vor einem Vergeltungsanschlag, und viele hatten sich versteckt. Wallenberg lief vor dem Eingang des Büros hin und her und schaute den Gelbertberg hinunter. Was sollte er tun? Er musste etwas unternehmen, um die Moral seiner Mitarbeiter zu heben.

Da ihm kein anderes Fortbewegungsmittel zur Verfügung stand, lieh er sich ein Damenfahrrad und begann, seine Leute der Reihe nach zu besuchen, sofern er wusste, wo sie wohnten. „Vertraut mir", sagte er ihnen, „ich beschütze euch. Ich werde da sein."

Fast alle folgten seiner Aufforderung und fanden sich wieder in ihren Büros ein. Seine Rettungsmission arbeitete jetzt wieder rund um die Uhr, und es gelang ihm, 400 freiwillige Helfer für diese Arbeit zu gewinnen. In Zeiten äußerster Gefahr brachten sich die meisten im Büro in Sicherheit und blieben bei ihm, während draußen die Kämpfe tobten.

Wallenbergs schon früher erzielter Erfolg, dass seine Mitarbeiter den gelben Stern nicht zu tragen brauchten, war nun wertvoller denn je. So konnten sie sich einigermaßen frei in der Stadt bewegen.

Die Zahl der Todesopfer während der ersten zwölf Stunden von Szálasis Machtübernahme sollte noch steigen. Bisher hatten die Pfeilkreuzler bereits 300 Juden umgebracht. Während Wallenberg auf dem geliehenen Fahrrad durch Budapest fuhr, war mitten im Ghetto ein Feuergefecht ausgebrochen. Jüdische Widerstandskämpfer setzten sich mit der Unterstützung einer Gruppe von Kommunisten am Telekiplatz mutig zur Wehr, aber gegen die Übermacht der SS-Männer und der ungarischen Polizei hatten sie keine Chance, und nach ein paar Stunden war der Platz mit Toten übersät.

Als Vergeltungsmaßnahme für diesen Aufstand schleiften die Pfeilkreuzler Frauen und Kinder aus den nahe gelegenen Judenhäusern mit dem gelben Stern heraus und erschossen sie auf dem Platz.

Wallenberg kam an diesem Nachmittag in Schweiß gebadet von seiner Radtour ins Büro zurück. Einige seiner Mitarbeiter waren schon da. „Ist Vilmos zurückgekommen?", fragte er einen der anderen Fahrer, den er im Flur des Gebäudes traf. „Nein", antwortete Sandor Ardai, ein junger Jude, der von Wallenberg gerettet worden war und jetzt als Fahrer für die „Abteilung C" arbeitete. Er erklärte: „Wir haben aber gehört, dass Vilmos von den Pfeilkreuzlern gefangen genommen und Ihr Auto konfisziert worden ist."

Wallenberg starrte Sandor an, als die Worte langsam in sein Bewusstsein drangen. Dauernd verschwanden Leute oder wurden erschossen. Fast jeder hier im Büro vermisste einen Angehörigen oder einen Freund. Und jetzt war Vilmos verschwunden.

Vilmos Langfelder war ein junger ungarischer Jude, der als Wallenbergs persönlicher Chauffeur arbeitete. Er war ein Ingenieur aus einer bekannten jüdischen Industriellenfamilie und war wie so viele von Wallenbergs Mitarbeitern vor einer Deportation gerettet worden. Die beiden Männer waren ungefähr gleich alt und besaßen beide die gleiche kühle, wache, zurückhaltende Art.

Hier musste etwas getan werden!

„Wissen Sie, wo Vilmos gefangen gehalten wird?", fragte Wallenberg schnell. „Ich werde es herausfinden", versprach Sandor und setzte sich sofort in Bewegung. Wallenberg blieb allein stehen und fragte sich, ob er seinen Fahrer je wiedersehen würde.

Als Sandor wenig später zurückkehrte, diktierte Wallenberg gerade eine Protestnote an die neue Regierung, in der er drohte, die diplomatischen Beziehungen abzubrechen, wenn die Terroraktionen nicht aufhörten. Sandor berichtete ihm, dass sich Vilmos in einem Gefängnis des Pfeilkreuzler-Hauptquartiers befand, zusammen mit einigen anderen, die aufgegriffen worden waren.

„Vielleicht ist es noch nicht zu spät", meinte Wallenberg geheimnisvoll, und ein Funken Hoffnung glomm in seinen Augen. Er diktierte seine Protestnote fertig und bat Sandor dann, ihn zum Hauptquartier der Pfeilkreuzler zu fahren.

Sandor Ardai hatte Angst. Dieser schwedische Diplomat wirkte schwach und verträumt. Was gab ihm die Hoffnung, eine einzelne Person zu retten? Wallenberg war nur ein Mann, allein, unbewaffnet und unscheinbar. Was erwartete er? Ein Wunder?

Sandor behielt diese Gedanken für sich, als er Wallenberg durch die Straßen von Budapest fuhr. Schon hielt der schwedische Diplomatenwagen vor einem großen grauen Gebäude.

„Warten Sie auf mich", sagte Wallenberg, als er aus dem Auto stieg. Sandor schwieg und starrte dem mit einem Ledermantel bekleideten Schweden nach, wie er das faschistische Hauptquartier betrat. Vor dem Tor standen Jugendliche mit Maschinengewehren herum und brüsteten sich mit ihren Heldentaten: Alte Männer hatten sie zu Tode erschreckt, junge Mädchen überfallen.

Sandor traute seinen Augen nicht, als Raoul Wallenberg wenig später zum Auto zurückkam – mit Vilmos Langfelder! Es hatte geklappt! Irgendwie hatte Wallenberg ein Wunder vollbracht. Wenn es in all diesen Schrecken einen Gott gab, der sich um die Menschen kümmerte, so überlegte Sandor, dann war das der Beweis dafür.

Er strahlte vor Freude. Mit neuem Respekt und voll Bewunderung wandte er sich an Wallenberg und fragte scherzhaft: „Sonst noch jemand zu retten?"

Zu seiner Überraschung antwortete Wallenberg: „Ja, mein Büro in der Ulloistraße."

Unterwegs erzählte Wallenberg, was er erfahren hatte: Eine Pfeilkreuzlerbande hatte eines seiner Büros gestürmt. Wieder wurde Sandor Ardai Zeuge der Bewahrung durch eine unsichtbare Hand. In dem Gebäude fanden sie ein großes Chaos vor, da die jungen Männer die Tische umgeworfen und die Papiere aus den Ablagekörben geschüttet hatten. Sie waren immer noch da und starrten Wallenberg feindselig an.

Der drohte ihnen, sie an den neuen Außenminister Gabor Kemény zu melden. „Wissen Sie nicht, dass ich ein ausländischer Diplomat bin und Sie meine Rechte verletzen? Wissen Sie, was das heißt?", schrie er wütend. Dann schob er einen der bewaffneten Männer beiseite, ging zu seinem Schreibtisch und begann, Papiere aufzuheben. Verwirrt traten die Jugendlichen den Rückzug an.

Später sagte einer seiner Mitarbeiter: „Wir rechneten alle damit, dass Vergeltungsmaßnahmen folgen würden, aber zu unserer Überraschung passierte nichts."

Genau 24 Stunden waren vergangen. Die Zahl der Todesopfer war auf mehrere Hundert angestiegen. Doch es tauchten Plakate auf Reklametafeln auf, die vor Vergeltungsschlägen gegen Juden warnten.

Die schwedische Gesandtschaft fürchtete, Wallenbergs Unternehmungen würden ihrer aller Leben gefährden. Dennoch blieb er eisern. Während die Pfeilkreuzler und Nazis einen neuen Angriff auf die Juden planten, bereitete Wallenberg mit seinen Helfern eine neue Rettungskampagne vor.

Er stellte Thomas Veres als seinen offiziellen Fotografen an, der heimlich Bilder aufnehmen sollte. Eine versteckte Kamera wurde in Veres' Mantel eingewickelt, um einige der Ereignisse festzuhalten. „Ich möchte eine vollständige Dokumentation dieser Schrecknisse", sagte er zu Veres, „die Welt muss davon erfahren. Wir dürfen niemals vergessen, was hier geschieht."

Einen Abend nach dem Staatsstreich der Pfeilkreuzler gab Wallenberg schon wieder Schutzpässe aus. Manche waren einfach nur Kopien mit seiner Unterschrift und er hoffte, dass sie wenigstens einen gewissen Schutz bieten würden. Auf seine Anweisung hin sollte jeder, der einen schwedischen Schutzpass beantragt hatte, auch einen erhalten, und seine Mitarbeiter brachten diese persönlich zu den jüdischen Häusern in der ganzen Stadt. Obwohl die Ausgangssperre für jeden Juden in Budapest galt, hatte Wallenberg wieder eine Ausnahmeregelung für seine Mitarbeiter erwirkt. Ab jetzt hatte er auch immer eine tragbare Schreibmaschine und einen Stoß Blankopässe auf dem Rücksitz seines Studebakers dabei.

Zwei Tage nach dem Putsch wurden die großen Synagogen in der Dohanystraße und der Rumbach-Sebestayan-Straße kurzerhand in Gefängnisse verwandelt. In einem gewaltigen Einsatz wurden 6000 bekannte Juden, darunter der Oberrabbiner Ferencz Heresi, verhaftet und ohne Nahrungsmittel, Wasser oder sanitäre Anlagen in den Synagogen festgehalten. Bewaffnete Wächter versperrten die Eingänge, während die im Gebäude isolierten Menschen voller Angst warteten.

Einem Jugendlichen in der größten Synagoge gelang es, durch ein kleines Fenster an der Rückseite des Gebäudes zu entkommen und die „Abteilung C" anzurufen. „Bitte richten Sie Herrn Wallenberg etwas aus", sagte er atemlos, „wir werden hier in der Synagoge gefangen gehalten."

Als Wallenberg kurz darauf in seinem Büro eintraf, erhielt er einen zerknitterten Papierfetzen mit der hingekritzelten Nachricht. Er rief Carl Lutz an, den schweizerischen Gesandten, und sie entwarfen hastig einen Plan, um so viele Juden wie möglich zu retten.

Wallenberg ließ seinen Chauffeur Vilmos Langfelder

kommen und beauftragte ihn, zuerst Lutz abzuholen und sie dann beide zur Synagoge zu bringen.

Der Studebaker hielt vor der Synagoge. Aus dem Inneren des eleganten amerikanischen Wagens betrachteten Wallenberg und Lutz die faschistischen Bewaffneten, die vor dem Gebäude herumstanden. Sie sahen hart und skrupellos aus. Wallenberg atmete tief durch und öffnete die Wagentür. Gefolgt von Lutz stieg er die Stufen zum Haupteingang empor. Beide Männer machten Eindruck und sahen aus, als besäßen sie Einfluss. Die Bewaffneten am Tor traten zur Seite und ließen sie durch.

Wallenberg bahnte sich seinen Weg zur Kanzel. „Hat irgendjemand hier einen schwedischen Schutzpass?", dröhnte seine Stimme durch die Halle. Ein Gemurmel erhob sich in der Menge. Einige Hände wurden hochgestreckt. Im hinteren Teil des Raumes wurde die Frage wiederholt. „Ja, ich habe einen!" – „Ich!" – „Ich habe einen Pass!" – „Hier, ich auch!"

„In Ordnung", fuhr Wallenberg fort, „alle Leute mit einem Pass stellen sich am Eingang ordentlich in eine Reihe. – Ordentlich", betonte er, „es muss ordentlich sein."

Er trat von der Kanzel herunter und wandte sich an die faschistischen Bewaffneten, die jetzt völlig verdutzt unter ihnen standen. Im selbstverständlichsten Ton erklärte er: „Dies sind schwedische Staatsbürger. Sie haben kein Recht, sie hier festzuhalten." Sein Deutsch war wie immer perfekt. „Ich befehle Ihnen, sie sofort freizulassen."

Er wirkte blass, aber grimmig, und sein Auftreten schüchterte die jungen Pfeilkreuzler offensichtlich ein. Sie stellten ihm zögernd ein paar Fragen, aber Wallenbergs scharfe Antworten erstickten jeden Widerstand. Einer der Augenzeugen sagte später, Wallenberg sei ihm wie ein Zauberer vorgekommen, der diese Männer in seinen Bann schlug. Seine Art, solche Situationen zu bewältigen, war irgendwie unheimlich, es schien fast, als sei er von einer unsichtbaren Kraft bevollmächtigt.

Am Haupteingang der Synagoge befingerten die Wächter den Schutzpass, den Wallenberg so eindrucksvoll gestaltet hatte.

Nach den „Schweden" stellten sich die „Schweizer Juden" auf. Wallenberg durchquerte die Halle und sprach im Vorbeigehen mit ein paar Leuten. Von seinem entschiedenen, selbstsicheren Auftreten eingeschüchtert, traten die Bewaffneten zur Seite, und Wallenberg verließ die Synagoge an der Spitze seiner Kolonne von „Schweden". Lutz folgte mit seinen „Schweizer Juden", und vereinigte Proteste brachten schließlich auch dem Rest der Gefangenen die Freiheit. Es war ein überwältigender Sieg.

9.
Todesmarsch

Budapest, Oktober 1944

Als Eichmann nach Budapest zurückkam, ließ er noch am gleichen Tag die Mitglieder des Judenrats in sein Hauptquartier ins Hotel Majestic kommen. „Mein Arm erreicht euch immer noch!", erklärte er freudestrahlend.

Eichmann umriss seine Strategie. Da die Züge für die Kriegsanstrengungen gebraucht wurden, hatte sich der einfallsreiche SS-Führer etwas Neues ausgedacht. Er würde die Juden als Arbeitskräfte an die Grenze Richtung Deutschland marschieren lassen. Wer zurückblieb, sollte als Arbeitssklave eingesetzt und in Konzentrationslagern außerhalb Budapests festgehalten werden. Mitten in Budapest würde man ein zentrales Ghetto einrichten.

Eichmann wusste, dass er wegen der näherrückenden Russen nicht viel Zeit zum Handeln hatte.

Und schließlich, so verkündete er schadenfroh, werde Szálasis neue Regierung keine schwedischen oder anderen Schutzpässe mehr anerkennen. Dieses Spiel sei aus.

Die Bekämpfung der Juden war also wieder in vollem Gange. Und dieses Mal würde der Befehlshaber das Netz noch enger zusammenziehen. Er fasste sein Ziel ein letztes Mal ins Auge.

Die jüdischen Vertreter starrten ängstlich und besorgt vor sich hin. Sie hörten Eichmanns Worte, aber sie konnten sich nicht vorstellen, was das bedeuten sollte. Ein Fußmarsch?

Wer war davon betroffen? Doch sicher keine Frauen. Und was war mit den alten Männern? Und mit den Familien? Unmöglich.

Als Wallenberg diese Neuigkeiten hörte, weigerte er sich, klein beizugeben. „Wir müssen für das Recht der Schutzpässe kämpfen. Wir können nicht einfach nachgeben!" Unermüdlich verhandelte er, rief verschiedene Beamte an und versuchte, auf Zeit zu spielen. Sein Netz von Kontakten umfasste alle Schichten der ungarischen Gesellschaft. In den vergangenen Wochen hatte er eine auffallend schöne Frau kennengelernt, die Baronin Elisabeth Kemény, die Frau des Pfeilkreuzler-Außenministers. Sie war noch nicht lange mit dem Baron verheiratet und hatte vor der Heirat nicht gewusst, dass er einer der bekanntesten ungarischen Faschisten war, als er um ihre Hand anhielt.

Wallenberg freundete sich mit ihr an. Es ging das Gerücht um, sie sei eine halbe Jüdin und Wallenberg habe gedroht, ihr Geheimnis zu verraten, wenn sie ihm nicht helfe.

Wallenbergs scheinbar bescheidenes Auftreten täuschte die meisten, und er setzte sich fast immer durch.

Er organisierte ein geheimes Treffen mit der Baronin und warnte sie, dass man ihren Mann nach dem Krieg als Kriegsverbrecher hängen würde, wenn er diese Gräueltaten weiterhin zulasse. Die „internationalen Juden" müssten geschützt werden. Es liege nun an ihr, ihren Einfluss auf ihren Mann geltend zu machen und dieser Tragödie ein Ende zu bereiten.

„Ich trage sein Kind in mir", schluchzte sie, „soll es schon bei seiner Geburt vaterlos sein?"

Wallenberg überzeugte sie, dass sie in diesem Spiel um Leben und Tod eine entscheidende Karte in der Hand halte. Jetzt sei der Zeitpunkt gekommen, sie auszuspielen.

Unter ihrer Anleitung gab der Baron im Radio eine Erklärung ab: Die schwedischen und anderen ausländischen Schutzpässe mussten anerkannt werden!

Damit hatte Wallenberg einen weiteren außergewöhnlichen Sieg errungen. Vielleicht war nicht einmal ihm selbst bewusst, welche Auswirkungen das in den kommenden Tagen noch haben sollte.

November 1944

Jeden Tag hörte man von neuen Grausamkeiten, und fast immer waren Juden davon betroffen. Menschen wurden zusammengeschlagen oder verschwanden. Die Pfeilkreuzler waren erst zwei Wochen an der Macht, aber sie wüteten ohne Erbarmen. Doch von allen Seiten wussten Juden auch von kleinen Wundern zu berichten. Auf unglaubliche Weise hatten die schwedischen Schutzpässe schon manchen vor einer Kugel in den Kopf bewahrt. Manchmal genügte die bloße Erwähnung des Namens Wallenberg. Er war eine Legende.

Er selbst trieb sich unbarmherzig an, arbeitete fast zwanzig Stunden täglich und erwartete von seinen Mitarbeitern den gleichen Einsatz. Sein Hauptquartier war inzwischen in das gefährlichere Pest verlegt worden, mitten in jüdisches Wohngebiet. In seinen Büros war ein Stab von Sekretärinnen und Sekretären damit beschäftigt, auf ihren Schreibmaschinen herumzuhämmern und amtliche Beschwerdebriefe wegen Übergriffen auf Juden an die Regierungsabteilungen der Pfeilkreuzler zu richten. Andere Mitarbeiter gingen Hunderten von Anfragen über Juden nach, die verhaftet worden waren oder vermisst wurden. Wallenberg verlangte eine Erklärung. Er vertrete den König von Schweden. Wenn er keine Besserung sehe, habe das Konsequenzen.

Er selbst war inzwischen in Lebensgefahr. Man hatte ihn gewarnt, dass ein Attentäter der Pfeilkreuzler ihm nachstellte, seit ein Preis auf seinen Kopf ausgesetzt worden war. Ein Mitarbeiter des Internationalen Roten Kreuzes hatte gehört, wie Eichmann selbst den schwedischen Diplomaten verflucht und gedroht hatte: „Diesen Judenhund Wallenberg bringe ich noch um!" Im selben Monat fuhr ein SS-Lastwagen mit hoher Geschwindigkeit in Wallenbergs Auto und zerstörte den vorderen Teil völlig. Zu diesem Zeitpunkt saß Wallenberg aber in einem anderen Wagen.

Doch nicht einmal Wallenberg konnte in diesen Tagen die Vernichtung weiterer überlebender Juden verhindern. Es wurde bereits mit den Vorkehrungen für die Todesmärsche begonnen. Damit sah sich Eichmann schon am Ziel. Alle Juden, Frauen und Kinder eingeschlossen, wurden für den 240 Kilometer langen Fußmarsch nach Hegyeshalom an der österreichischen Grenze zusammengetrieben. Das Ziel – für die Frauen und Kinder die Todeslager, für die Männer Arbeitslager.

Diese Todesmärsche waren der Gipfel der Erniedrigung, ein Albtraum. Sie waren so furchtbar, dass sogar abgebrühte Nazis sich darüber beklagten. Juden wurden aus Läden und Gassen gerissen und gezwungen, sich dem Marsch anzuschließen. Die Frauen trugen zum Teil nur leichte Kleider und hochhackige Schuhe. Kleine Kinder umklammerten die Hand von Großmüttern.

Ohne Nahrungsmittel und Decken musste die Kolonne irgendwo auf der Straße übernachten, wo sie eben gerade war. Am Morgen sah man Leichen an den Bäumen hängen.

Pfeilkreuzler-Soldaten und ungarische Gendarmen trieben die Juden weiter. Wer zurückblieb oder hinfiel, wurde auf der Stelle erschossen – mit einer Kugel in die Stirn oder ins Genick. Gewehrkolben trafen junge Mädchen erbarmungslos im Rücken und zerschmetterten ihnen Knochen, während sie mit obszönen Worten vorwärtsgetrieben wurden.

Susanne Tabor erinnert sich: „Ich fühlte mich völlig alleingelassen und einsam. Man hatte uns schon so lange wie Tiere behandelt, dass ich langsam selbst glaubte, ein Tier zu sein. Man hatte uns so oft gesagt, dass wir den Tod verdienten, dass ich ihnen schließlich zustimmte."

An der Grenze in Hegyeshalom warteten Eichmann und die SS-Männer. Die Juden hatten ihr letztes Ziel in Ungarn erreicht. Müde und erschöpft gehorchten sie den Befehlen der Nazis und bestiegen die Viehwaggons auf dem Bahnhof.

„Wo fährt dieser Zug hin?", fragte jemand eingeschüchtert.

„Nach Auschwitz", war die Antwort.

Die Todesmärsche wurden bis zum 21. November durchgeführt. Peitschender Regen und bitterkalter Wind quälten die schmerzenden Glieder junger Mädchen und alter Frauen und Männer, von denen manche kleine Kinder umklammerten. Der Marsch ließ eine Spur von Toten und Sterbenden zurück.

Eine Ziegelei im Budapester Vorort Bekasmegyer wurde eine Zufluchtsinsel in diesem Meer des Leidens.

Spätnachts trieben die Pfeilkreuzler-Wächter eine Gruppe von Gefangenen in das umzäunte Gebäude. Einige Mädchen, die dabei stürzten und sich etwas brachen, wurden erschossen. Als sie endlich in der Ziegelei waren, sanken die

Menschen, die es bis hierher geschafft hatten, auf den kalten Boden. Doch hier zitterten die Mädchen vor den sexuellen Übergriffen der faschistischen Wächter, für die sie eine leichte Beute waren.

Am nächsten Morgen stolperten sie ausgekühlt, hungrig und benommen ins Freie und begannen sich für den weiteren Marsch an die österreichische Grenze aufzustellen.

Plötzlich tauchte ein schnittiger amerikanischer Wagen auf und hielt vor dem Eingang der Ziegelei. Ein schlanker, eleganter Mann mit einem modischen Hut und einem langen Ledermantel stieg aus dem Auto. Er trug eine Aktentasche und hob ein Megafon an den Mund: „Ich bringe Ihnen zu essen und zu trinken. Ärzte und Krankenschwestern kommen gleich zu Ihnen. Geben Sie die Hoffnung nicht auf. Ich komme zurück und kümmere mich um alle, die einen schwedischen Pass haben."

Sie starrten ihn ungläubig an. Plötzlich fing irgendjemand in der Reihe an zu beten und immer mehr Stimmen fielen ein: „Höre, Israel, der Herr ist unser Gott, der Herr allein …"

Manchen erschien dieser Mann wie ein Phantom, geheimnisvoll und unfassbar. Doch dann wurde sein Name durch die Reihen geflüstert und ein Hoffnungsschimmer leuchtete auf.

Als er vom Schweizer Konsul Carl Lutz und später von Per Anger begleitet zurückkam, stellte sich allerdings heraus, dass die Lebensmittel bei Weitem nicht ausreichten.

Abermals wurden Menschen Zeugen von Wallenbergs Einfallsreichtum. Er brachte eine hölzerne Kiste vor den Eingang der Ziegelei und dröhnte wieder durch das Megafon: „Alle, die einen schwedischen Pass haben, stellen sich auf dieser Seite ordentlich in eine Reihe." Er deutete mit einer

Handbewegung nach links. „Alle mit Schweizer Pässen auf die andere Seite. Wer einen portugiesischen Pass hat, in die Mitte …"

Die bewaffneten Pfeilkreuzler waren völlig überrumpelt. Verblüfft begannen sie, sich Wallenbergs Anordnungen unterzuordnen, der vor allem darauf bestand, dass alles ordentlich ablief und dass die Reihen aufrechterhalten wurden. Es war eine Glanzleistung. (Bei den Nazis wurde auch in extremen Situationen immer darauf bestanden, dass alles „ordentlich" vor sich zu gehen habe. Dies war für ihre ungarischen Verbündeten ein Symbol deutscher Präzision und sprach in ihren Augen auch bei diesem Auftreten Wallenbergs dafür, dass er eine politische Autorität sein musste; d. Übers.)

Die Gefangenen glaubten zu träumen. Wie Schlafwandler bestiegen sie die Lastwagen, die Wallenberg organisiert hatte. „Ist es wirklich wahr?", flüsterte einer.

„Danke Gott dafür", antwortete ein anderer, „danke Gott für dieses Wunder."

Ohne Zögern hatte Wallenberg den örtlichen Polizeichef bestochen, damit er auch einige Juden ohne Schutzpässe mitnehmen durfte. „Ich kann weitere 500 von Ihnen retten und nach Budapest zurückbringen", sagte er, als er durch die Reihen der Gefangenen lief, „verzeihen Sie mir, ich kann nicht alle retten. Ich muss die Jungen retten, ich will eine Nation retten.«

Und dann kam der tragische Augenblick, in dem er eine Auswahl zu treffen hatte. Für Sekunden lag die Entscheidung über Leben und Tod in seiner Hand. Er lief zwischen ihnen umher und wählte Mädchen, junge Frauen und junge Männer aus. Vilmos Langfelder folgte ihm mit Blankopässen, die er entsprechend ausfüllte, sowie den Namenslisten. Es war eine herzzerreißende Aufgabe. Alle, die jetzt zurückblieben, erwartete in Auschwitz der sichere Tod in den Gaskammern.

Hunderte von Juden konnten gerettet werden. Aber man konnte nie genug helfen, und Tausende wurden nach Auschwitz gebracht. Dass Wallenberg und andere, die seinem Beispiel folgten, ihr Leben riskierten, um möglichst viele zu retten, stellte einen Teil der menschlichen Würde dieser Zeit wieder her.

Am ersten Tag des Todesmarsches retteten sie ungefähr hundert Menschen, die Schutzpässe besaßen. Wallenberg und die anderen Diplomaten kamen jeden Tag wieder, um noch mehr Juden aus der Hand der Pfeilkreuzler zu befreien. Sie gewährten jedem Schutz, den sie erreichen konnten. Pässe, Reisekarten, alles, was irgendwie amtlich aussah, manchmal wirklich nur Papierschnipsel, wurde verwendet, um die Pfeilkreuzlerwachen zu täuschen. Immer wieder gelang es Wallenberg dabei, die Leute um sich herum zu blenden, bis er mit seiner kostbaren „Beute" entkommen war. Er spielte ein furchtloses Spiel mit dem Henker und weigerte sich, „seine Juden" herauszugeben.

Nachdem sie die aus der Ziegelei geretteten Juden nach Budapest in Schutzhäuser gebracht hatten, fuhren Wallenberg und Vilmos Langfelder an die österreichische Grenze, wo die SS-Männer bereits Gefangene abzählten und sie dann in die Züge stießen. Wallenberg hatte einen Klapptisch mitgebracht, den er auf dem Bahnhof direkt neben den bewaffneten Naziwachen aufstellte. Langfelder holte die Schreibmaschine und legte die Blankoschutzpässe und die Listen der „Schweden" ordentlich vor sich hin. Das tragbare Wallenberg-Büro war einsatzbereit. Bereit, Juden zu retten.

Beim Eichmann-Prozess 1961 bezeugte Aryeh Breslauer,

dass Wallenberg ihn mit einer Schreibmaschine und Hunderten von Schutzpässen an die Grenze vorausgeschickt hatte.

Eine Mischung aus Mitgefühl und Tollkühnheit prägte Wallenbergs Arbeitsstil. Ein unbeschreiblicher Drang, fast schon eine Besessenheit, trieb ihn vorwärts. Auf vornehmen Cocktailpartys in Stockholm hatte er über das Schicksal der Juden diskutiert. Seit fünf Monaten hatte er die Möglichkeit, selbst zu handeln und einzugreifen.

Den ergebenen Langfelder an seiner Seite, die zweifelnden Blicke der SS-Männer an der österreichisch-ungarischen Grenze auf sich gerichtet, beginnt Wallenberg mit seiner Schimpfkanonade. Vor ihm warten endlose Reihen von Juden, dass auch sie von den SS-Männern in Gruppen abgezählt und in die Viehwaggons verladen werden. An die SS gewandt, donnert der schwedische Diplomat: „Ich bin Wallenberg von der schwedischen Gesandtschaft. Sie halten meine Leute fest. Ich verlange ihre Freilassung!"

Das genügt schon. Die SS-Leute sind darauf trainiert, Befehlen zu gehorchen. Sofort erkennen sie in Wallenberg eine höhere Autorität. Es erscheint unvorstellbar, aber niemand zweifelt seine Befehle an.

Seine Stimme klingt weit über den Platz, wo sich die Menschen wegen des kalten Windes dicht aneinanderdrängen. „Alle mit einem schwedischen Pass treten aus dieser Reihe und stellen sich ordentlich hier auf der Seite auf." Menschen, die mit einem Fuß schon im Grab gestanden haben, retten sich mit diesem Schritt auf die Seite des Lebens.

Wallenberg entdeckt ein junges Mädchen in der Reihe und tritt zu ihr. „Kenne ich Sie nicht? Habe ich Ihnen nicht selbst einen Pass gegeben?" Die Augen des Mädchens weiten sich. Von dem 240 Kilometer langen Marsch erschöpft, antwortet sie wie eine Schauspielerin, die ihren Text auswendig kann. Sie sucht in ihren Taschen nach einem Fetzen Papier. Es ist ein Antrag für einen Führerschein; sie hält das zusammengeknüllte, eingerissene Stück Papier in der Hand und zeigt es Wallenberg. Ihre Augen verraten panische Angst.

Wallenberg lächelt und nimmt das Papier entgegen. Es verschwindet in seiner Tasche. Bevor die SS-Leute recht begreifen, was hier geschieht, hat Wallenberg ihren schlanken Arm gefasst und sie aus der Schlange des Todes herausgenommen.

Dann schiebt er sie zur Seite. „Schnell. Wir haben nicht viel Zeit." Er spricht rasch, weil er weiß, dass das Spiel gleich aus sein könnte. Das Mädchen geht ans Ende der Schlange der von Wallenberg geretteten Frauen. Sie wendet den Kopf und erhascht einen Blick auf den außergewöhnlichen Mann, der sie gerettet hat. Wenige Augenblicke später führt Vilmos Langfelder die erschöpfte, heruntergekommene Gruppe zu den Rotkreuz-Lastwagen, die bereitstehen. Schweigend steigen die Frauen ein. Es geht zurück nach Budapest …

Bei verschiedenen Gelegenheiten setzte Wallenberg den jungen blonden, blauäugigen Juden Joni Moser ein, der fließend Deutsch und Ungarisch sprach. Als die „Abteilung C" erfuhr, dass achthundert Männer des jüdischen Arbeitsdienstes zum Konzentrationslager Mauthausen marschieren mussten, rasten Wallenberg und Moser im blauen Studebaker an die Grenze, um sie abzufangen.

Dort wendeten sie die übliche Taktik an. Wallenberg stellte sich vor die Gruppe und bat alle Inhaber eines schwedischen Passes, die Hand zu heben. Gleichzeitig ging Moser durch die Reihen und flüsterte mit den Männern. Dem Journalisten John Bierman erzählte er später: „Auf Wallenbergs

Anweisung hin rannte ich zwischen den Reihen herum und sagte den Männern, sie sollten ihre Hand heben, ganz egal, ob sie einen Pass hätten oder nicht. Dann bestand er darauf, dass alle, die die Hand gehoben hatten, unter seinen Schutz zu stellen seien. Sein Auftreten war so stark, dass sich keiner der ungarischen Wachen ihm in den Weg zu stellen wagte. Unglaublich war die Überzeugungskraft seines Auftretens."[16]

Ein paar Tage nach diesem Vorfall wurde Moser in Budapest auf der Straße von einer Gestapo-Einheit geschnappt und verhört. Er erinnert sich: „Ich dachte, das wäre mein Ende."

Als er so auf der Straße stand und die Fragen beantwortete, begann seine Hoffnung zu sinken, bis er plötzlich das Gesicht seines Freundes sah. Er erzählte: „Aber gerade in diesem Augenblick kam Wallenberg in seinem großen Diplomatenwagen zufällig vorbei. Er hielt an und verlangte, man solle mich zum Verhör bringen. ‚Schnell, springen Sie herein', sagte er – und bevor die erstaunten Soldaten begriffen, was geschah, waren wir schon fort."[17]

Das waren Zeiten, die Moser niemals vergessen würde. „Wallenberg war fantastisch! Sein Auftreten, sein Organisationstalent, die schnellen Entschlüsse und Aktionen! Was für ein Organisator! Wallenberg war der Initiator der ganzen Rettungsaktion, vergessen Sie das nicht."[18]

In seinen Bemühungen, so viele Juden wie möglich vor den Todesmärschen zu retten, fand Wallenberg viele Mitarbeiter, aber so kühn ihre Versuche auch waren, reichten sie doch nicht aus, um den großen Sturm zu bremsen. Bis zum 21. November waren 20 000 Juden die qualvollen 240 Kilometer zur österreichischen Grenze marschiert. Die Krematorien in Auschwitz arbeiteten Tag und Nacht. Weitere

13 000 Juden waren auf dem „Transport", und 10 000 waren verschwunden – viele von ihnen waren auf den Todesmärschen umgekommen.

Aber der Bluthund war noch nicht zufrieden. Eichmann sagte zu seinem Stellvertreter Dieter Wisliceny, das Wichtigste seien die Statistiken. Jeder Jude müsse genau erfasst werden.

Es gibt zahlreiche Zeugenberichte über Wallenbergs persönlichen Mut, sein Charisma und seine Kühnheit, mit der er sich manchmal in die gefährlichsten Situationen wagte. Einmal sah Wallenberg eine Gruppe von Juden, die gerade deportiert werden sollten. Er fragte, ob sie vielleicht schwedische Papiere besessen hätten, die man konfisziert hätte. Alle, die geistesgegenwärtig genug waren, hoben sofort die Hand, und er fertigte eine Namensliste an. Es folgte eine heftige Auseinandersetzung mit den beteiligten SS-Offizieren. Als Ergebnis dieses wagemutigen Stückchens entkamen zwischen 280 und 300 Menschen.

Wallenbergs Auftauchen auf der Strecke der Todesmärsche war bald legendär; er sprach Juden auf der Straße an, brachte sie in Sicherheit und kehrte in sein Budapester Büro zurück, von wo er regelmäßig Protestnoten an die Pfeilkreuzler-Regierung schickte. Starker internationaler Druck führte zur Aussetzung der Märsche, doch der Erfolg war gering – die Deportationen wurden wieder mit dem Zug durchgeführt.

Sandor Ardai, der bereits die wunderbare Befreiung des Fahrers Vilmos Langfelder miterlebt hatte, wurde Augenzeuge weiterer ungewöhnlicher Aktionen von Raoul Wallenberg, in denen etwas von seinem Mut und Gottes Schutz erkennbar wurde.

Ardai hatte Wallenberg zum Józsefvárosi-Bahnhof gebracht, wo Waggons mit Juden nach Auschwitz abfahren sollten. Ardai berichtete John Bierman später: „Dann kletterte er auf das Dach des Zuges und fing an, durch die Türen, die noch nicht verriegelt waren, Schutzpässe hineinzureichen. Die Deutschen schrien, er solle heruntersteigen, aber er scherte sich nicht darum. Dann fingen die Pfeilkreuzler an zu brüllen und auf ihn zu schießen. Er machte sich nichts daraus, sondern drückte weiter ganz ruhig Pässe in die Hände, die sich nach ihnen ausstreckten. Ich glaube, die Pfeilkreuzler zielten absichtlich über seinen Kopf, denn ihn traf kein einziger Schuss, was sonst unmöglich gewesen wäre. Ich glaube, das taten sie, weil sie alle so von seiner Courage beeindruckt waren.

Nachdem Wallenberg alle Pässe verteilt hatte, befahl er denen, die einen ergattert hatten, den Zug zu verlassen und sich zu einem in der Nähe geparkten Autokonvoi zu begeben, der in den schwedischen Farben angemalt war. Ich weiß nicht mehr genau, wie viele es waren, aber er rettete sicherlich Dutzende aus diesem Zug. Die Deutschen und die Pfeilkreuzler waren wie vor den Kopf geschlagen. Sie unternahmen nichts gegen ihn!"[19]

Der Münchner Dr. Georg Basyai befand sich eines Nachts auf dem Güterbahnhof Ferncvarosi Palyaudvar in einer Gruppe von Juden, die deportiert werden sollten. Er berichtete später: „Plötzlich kamen einige Männer und sagten: ‚Alle, die einen schwedischen Pass besitzen, stellen sich in einer Schlange auf …‘ Mein Bruder hatte so einen Pass, aber ich nicht. Mein Bruder weigerte sich, ohne mich in die andere Reihe hinüberzugehen. Doch dann sah mich Laci Geiger, ein guter Freund, der zu den schwedischen Mitarbeitern gehörte, und erfasste mein Problem. Er ging zu einem etwa fünfzig Meter entfernt stehenden Mann und sprach mit ihm. Später erfuhr ich, dass dieser Mann Raoul Wallenberg war. Er kam zu uns, führte mich zu den Leuten, die die Pässe kontrollierten, und blieb neben mir stehen, bis der Nazi-Kommandant unsere Papiere prüfte. Herr Wallenberg verbürgte sich für mich, sodass ich mich der Gruppe der Geretteten anschließen konnte."[20]

Einen Tag nach dieser Rettungsaktion war Wallenberg auf dem Südbahnhof in Buda, diesmal, um sich von der Baronin Elisabeth Kemény zu verabschieden. Sie hatte ihm bei seinen Unternehmungen als nützliche Verbündete und zuverlässige Freundin geholfen, aber jetzt musste sie Buda verlassen und ins Exil gehen. Gerüchte sprachen von einer geheimen Liebesaffäre zwischen Wallenberg und ihr. „Lächerlich", sagte die Baronin später dazu. Auf jeden Fall hatten die beiden für eine Weile sehr gut zusammengearbeitet.

Wallenberg betrat ihr Zugabteil, um ihr noch ein paar persönliche Worte zu sagen und ihr einen Blumenstrauß zu überreichen. (Jahre später erfuhr die Baronin durch eine Radiosendung des BBC World Service, dass ihr Mann zusammen mit allen anderen Pfeilkreuzlerministern 1946 als Kriegsverbrecher hingerichtet worden war.)

Wallenberg hatte für alle offene Türen und wies niemanden ab. Klari Rajk fand seine Privatadresse heraus und klopfte um vier Uhr nachts an seiner Wohnungstür. Sie kannte ihn nicht und besaß weder einen Schutzpass noch irgendwelche anderen schützenden Dokumente. Ihr Mann war verhaftet worden, und sie hatte erfahren, dass er deportiert werden sollte.

„Bitte, Herr Wallenberg, helfen Sie mir!"

Frau Rajk erzählte Eleonore Lester später: „Er zog sich sofort an, und wir fuhren zum Bahnhof. Unterwegs wollte er alles Wichtige über meinen Mann wissen und füllte einen schwedischen Pass für ihn aus. Er zeigte den Wachen den Pass, worauf einer von ihnen zu dem Auto ging, in dem mein Mann saß. Er rief seinen Namen und mein Mann kam heraus. Zu dritt verließen wir den Bahnhof und fuhren zu Wallenbergs Wohnung zurück. Dann brachte er uns in einem schwedischen Schutzhaus in der Jokaistraße 1 unter."[21]

So lange die Deportationen mit Zügen fortgesetzt wurden, unternahm Wallenberg „Überfälle" auf die Bahnhöfe, um Juden aus den Waggons und Warteschlangen zu reißen. Normalerweise kehrte er mit erstaunten Männern und Frauen zurück, die soeben ein Wunder erlebt hatten. Aber seine Aktionen waren nicht immer erfolgreich.

Einmal entdeckte ihn SS-Hauptsturmführer Theodor Dannecker, der sich als „Vernichtungsengel" in Frankreich einen zweifelhaften Ruf erworben hatte. Dannecker und Wallenberg waren schon einmal aneinandergeraten. Als der Schwede jetzt beobachtet wurde, wie er einigen jüdischen Arbeitern, die nach Auschwitz deportiert werden sollten, Schutzpässe aushändigte, stürmte Dannecker herbei und verfluchte den „Judenhund".

Diesmal verfing Wallenbergs übliches diplomatisches Geschick nicht. Dannecker griff nach seinem Pistolenhalfter und zog seine Waffe. Instinktiv erkannte Wallenberg, dass er eine Grenze erreicht hatte. Er gab seinem Fotografen Thomas Veres ein Zeichen, und die beiden traten einen hastigen Rückzug an. Dannecker jagte sie mit wilden Flüchen aus dem Bahnhof.

10.
Auf der Flucht

Budapest, Dezember 1944

Wie lange würden sich die Deutschen noch gegen die anrückende Rote Armee halten können? Wallenberg wusste, dass es ein verzweifelter Wettlauf gegen die Zeit war. Er musste durchhalten und weiterhin Juden schützen. Jeder Tag zählte.

Eichmann befasste sich mit der gleichen Frage, aber unter anderen Vorzeichen. Er war fest entschlossen, dass die deutsche Niederlage seine Hauptaufgabe nicht beeinträchtigen sollte – die totale Vernichtung der Juden. Deshalb gab er am 29. November den Befehl, alle 63 000 schutzlosen Juden in Budapest in ein zentrales Ghetto, das „Allgemeine Ghetto" zu sperren. Mit 1,80 m hohen Holzbrettern wurde das Gebiet eingezäunt, in das man die Gefangenen brachte. In der Versorgung mit Nahrungsmitteln und Medikamenten waren sie nun völlig abhängig von den Pfeilkreuzlern.

Die Juden in den schwedischen Schutzhäusern waren von dieser Gefangennahme nicht betroffen, aber die Regierung übte nun Druck auf Wallenberg aus, ihre Emigration nach Schweden durchzuführen.

Als Antwort verwickelte er sie in einen Papierkrieg, den so schnell keiner gewinnen konnte.

Wallenberg hatte bereits erfahren, dass Eichmann ein blutiges Pogrom plante, falls er, Eichmann, zur Flucht gezwungen war. Am 10. Dezember befanden sich 63 000 Juden allein und ungeschützt im „Allgemeinen Ghetto". Weitere 30 000

Juden hatten in Wallenbergs schwedischen Schutzhäusern Zuflucht gefunden, die als das „Internationale Ghetto" bekannt waren. Zurzeit reichten die schwedische Flagge und Wallenbergs Gegenwart noch aus, um sie zu schützen, aber niemand konnte vorhersehen, wie lange das noch gut gehen würde.

Am 9. Dezember hatte die Offensive der sowjetischen Armee die Donau bei Vac, nördlich von Budapest, erreicht. Die Belagerung Budapests hatte begonnen. Einen Tag vorher war ein Bote mit Wallenbergs neuesten Berichten über die aktuelle Entwicklung an das Außenministerium nach Schweden aufgebrochen. Wallenbergs inzwischen 380 Mitarbeiter und ihre Familien wohnten in zehn botschaftseigenen Gebäuden und waren dadurch geschützt. Sie waren gegen Epidemien wie Typhus und Cholera geimpft worden. Der Bericht erwähnte auch, dass, „so weit festgestellt werden konnte, bisher nur zehn Juden mit schwedischen Schutzpässen in und um Budapest herum erschossen wurden". Unter den gegebenen Umständen war das eine erstaunlich niedrige Zahl.

Der Bote nahm auch Wallenbergs letzten Brief an seine Mutter mit nach Schweden:

„Geliebte Mutter,

ich weiß wirklich nicht, wann ich schon meine Schuld abbüßen werde. Heute geht wieder ein Kurier und wieder bekommst Du nur in aller Eile einige Zeilen von mir.

Die Lage ist aufregend und abenteuerlich, meine Arbeitsüberlastung fast unmenschlich … Wir hören hier das Kanonendonnern der sich nähernden Russen Tag und Nacht. Die diplomatische Tätigkeit ist seit Szálasis Ankunft sehr lebhaft geworden. Ich vertrete fast allein die Gesandtschaft bei den (ungarischen; d. Übers.) Regierungsstellen. Ich war bisher etwa 10 × beim Außenminister, 2 × beim Stellvertretenden Ministerpräsidenten, 2 × beim Innenminister, 1 × beim Versorgungsminister, 1 × beim Finanzminister etc.

Mit der Frau vom Außenminister war ich ziemlich gut befreundet. Leider ist sie jetzt weggereist nach Meran. Die Lebensmittelnot in Budapest ist sehr groß. Aber wir haben uns rechzeitig mit einem schönen Lager versehen. Ich habe das Gefühl, dass es nach der (russischen) Besetzung vielleicht schwierig sein wird, nach Haus zu kommen, ich rechne daher damit, erst gegen Ostern wieder in Stockholm zu sein. Aber das liegt alles noch in der Zukunft. Vorläufig hat niemand eine Vorstellung, wie die Besetzung sein wird. Ich werde auf jeden Fall versuchen, so rasch als möglich nach Haus zu kommen ...

Ich glaubte bestimmt, zu Weihnachten bei Euch zu sein. So muss ich Euch auf diesem Wege meine Weihnachtsgrüße und gleichzeitig auch meine Wünsche für das Neue Jahr senden. Hoffentlich ist der ersehnte Friede nicht mehr so weit entfernt ..."[22]

Der Brief wurde auf Deutsch getippt, da die Sekretärin kein schwedisches Diktat aufnehmen konnte. Unten am Rand kritzelte Wallenberg auf Schwedisch: „Alles Liebe an Nina und ihr Kleines."

Die ganzen letzten sechs Monate war Adolf Eichmann Wallenbergs Gegenspieler gewesen. Von Wallenbergs Beispiel angeregt, bildete eine treue Gruppe neutraler Diplomaten und freiwilliger Helfer einen notdürftigen Widerstand gegen den Vertreter des Bösen.

Eichmann und Wallenberg waren wiederholt aufeinandergestoßen. Wallenberg hatte Eichmann das erste Mal in einem verrauchten Zimmer im Nachtklub „Arizona" gesehen. Damals hatte Eichmann ihn als einen der typischen feigen, dekadenten Aristokraten abgetan. Später musste er erkennen, wie falsch diese Einschätzung gewesen war.

Eichmann ärgerte sich maßlos über Wallenbergs Hilfsaktionen und seine zähe Ausdauer. Er hatte befohlen, Wallenberg umzubringen, aber der Plan war fehlgeschlagen. Trotzdem interessierte ihn dieser geheimnisvolle Schwede. Mitte Dezember nahm er deshalb eine Einladung Wallenbergs zum Abendessen an.

Wallenberg war an diesem Tag so sehr mit anderen Dingen beschäftigt gewesen, dass er gar nicht mehr an seinen „Gast" gedacht hatte. In seiner Verlegenheit bat er Lars Berg, seinen Kollegen von der schwedischen Gesandtschaft, um Hilfe. In wenigen Stunden hatte Berg ein üppiges Mahl organisiert, das auf feinstem Porzellan serviert wurde.

Das Essen verlief äußerlich sehr angenehm. Anschließend begab sich die kleine Gesellschaft in einen gemütlichen Raum nebenan, wo Kaffee und Spirituosen angeboten wurden. Die sowjetischen Geschütze am Horizont klangen wie fernes Donnergrollen. Wallenberg löschte das Licht und zog die Vorhänge am Fenster zurück. Göte Carlsson, einer der Schweden, erinnerte sich später an das makabre Schauspiel: „Die Wirkung war ungeheuer", erzählte er John Bierman, „der Horizont brannte rot wie Feuer aus den tausend Geschützen, mit denen die Russen Budapest von allen Seiten einschlossen."

In seinen Memoiren beschreibt Lars Berg, was dann geschah: „Wallenberg, der bei diesem Anlass keinen besonderen Drang spürte, mit Eichmann zu verhandeln, brachte eine Diskussion über den Nationalsozialismus und den wahrscheinlichen Ausgang des Krieges in Gang. Brillant und ohne Skrupel zerpflückte er die NS-Ideologie Stück für Stück. Auf ihre Anhänger warte die totale Niederlage. Das waren überraschende Worte aus dem Mund eines Schweden, fern seiner Heimat und mehr oder weniger vollkommen in der Hand seiner mächtigen deutschen Gegner. Aber so war Wallenberg eben immer. Ich glaube, er wollte damit nicht so sehr seine eigene Meinung zum Ausdruck bringen, als vielmehr Eichmann warnen, er müsse mit den Deportationen und Liquidationen der ungarischen Juden unverzüglich aufhören.

Eichmann konnte kaum seine Irritation verbergen. Jemand wagte es, ihn anzugreifen und den ‚Führer' zu kritisieren, aber er sah offenbar bald ein, wie wenig seine Argumente ankamen. Im Vergleich zu Raouls intelligenten Bemerkungen klangen seine eigenen Propagandaphrasen recht hohl. Endlich sagte Eichmann: ‚Ich gebe zu, dass Sie recht haben, Herr Wallenberg. Ich habe nie an den Nationalsozialismus an sich geglaubt, aber er hat mir zu Reichtum und Macht verholfen. Ich weiß, dass das schöne Leben, das ich jetzt führe, bald vorbei sein wird. Meine Flugzeuge werden mir nicht mehr Frauen und Wein aus Paris und Delikatessen aus dem Orient bringen. Meine Pferde, meine Hunde, meine luxuriöse Wohnung hier in Budapest werden bald von den Russen erobert und ich selbst als SS-Offizier an Ort und Stelle erschossen werden.

Für mich wird es keine Rettung geben, aber wenn ich meinen Befehlen aus Berlin nachkomme und meine Macht hier in Budapest weiterhin rücksichtslos ausübe, werde ich in der Lage sein, meine Tage der Gunst zu verlängern. Ich warne Sie deshalb, Herr Legationssekretär, ich werde mein Äußerstes geben, um Sie zu bekämpfen, und Ihr schwedischer Diplomatenpass wird Ihnen nicht helfen, wenn ich es für notwendig erachte, Sie zu beseitigen. Selbst einem neutralen Diplomaten könnte ein Unglück zustoßen.'

Mit diesen Worten erhob sich Eichmann zum Gehen, jedoch ohne Anzeichen von Zorn. Mit der Höflichkeit eines wohlerzogenen Deutschen verabschiedete er sich von Raoul und dankte uns allen für einen besonders reizenden Abend. Vielleicht hatte Raoul wenig von diesem Disput, aber es konnte unter Umständen einem Schweden ein sehr großes Vergnügen bereiten, einmal einem SS-Offizier seine Meinung zu sagen."[23]

23. Dezember 1944

Marschall Malinowskijs Rote Armee rückte mit jeder Minute näher an Budapest heran. Nachts erleuchteten die russischen Geschütze den Himmel wie ein Feuerwerk. Auf der einzigen noch freien Straße flohen Szálasi und seine Minister und ließen Eichmann und die Nazis in einem Zustand der Belagerung zurück. Aber selbst in diesen letzten Stunden war Eichmann völlig von dem Plan besessen, alle Juden zu vernichten.

Eichmann hatte geheime Pläne zu seiner Evakuierung gefasst; währenddessen sollten die zurückgebliebenen Nazi-Einheiten die Stadt halten. Am Abend vor seiner Abreise, am 23. Dezember, tauchte Eichmann betrunken vor dem Amtsgebäude des Judenrats in der Sipstraße auf. Er hatte geplant, alle Ratsmitglieder auf einen Streich zu erschießen, aber Wallenberg war ihm wieder einmal einen Schritt voraus. Durch sein Informantennetz hatte Wallenberg von der geplanten

Hinrichtung erfahren und hatte die Ratsmitglieder vorher aufgefordert, in den Untergrund zu gehen.

Voll Zorn darüber ließ Eichmann den Hausmeister des Amtsgebäudes mit einer Pistole niederschlagen. Der Mann lag blutend am Boden, während Eichmann wütende Schimpftiraden ausstieß. Der Hausmeister verriet das Versteck der Ratsmitglieder nicht und Eichmann schwor wiederzukommen.

Da das Donnern der sowjetischen Kanonen immer näher rückte, verließ Eichmann Budapest noch am selben Abend.

Mit Eichmanns Flucht war zwar die größte Quelle des Unheils verschwunden, aber Ungarn stand dennoch weiterhin unter seinem Einfluss. Er hatte der SS einen letzten Befehl gegeben, bevor sie die Stadt verlassen sollten: Alle Juden im „Allgemeinen Ghetto" zu töten.

Das Überleben der Juden hing nun davon ab, wie schnell die Sowjets die Stadt eroberten, die ja bereits von den Truppen der Roten Armee eingeschlossen war. Wallenberg schaltete jeden Abend das Radio ein und lauschte gespannt den BBC-Berichten über die Truppenbewegungen. „Wie lange müssen wir noch ausharren?", fragte er sich.

An Heiligabend, einen Tag nach Eichmanns Flucht, drangen bewaffnete Männer in ein Kinderheim des Internationalen Roten Kreuzes ein und erschossen Kleinkinder, die gerade erst eineinhalb Jahre alt waren. Andere Kinder wurden in die Donau geworfen und ertranken. Am ersten Weihnachtstag überfielen die Nazis ein weiteres Kinderheim und erschossen viele der erschrockenen jungen Juden.

Wallenberg und die anderen Diplomaten standen diesem Morden fassungslos gegenüber. Es schien, als könne es nicht mehr schlimmer werden. Ebenfalls an Weihnachten brachen die Pfeilkreuzler in ein Schutzhaus in der Vilma-Kiralyno-Straße ein. Zwei ungefähr achtzig Jahre alte Frauen und drei kleine Kinder wurden erschossen. Die restlichen Kinder dieses Hauses mussten zu einer nahe gelegenen Kaserne laufen. Ein dreizehnjähriger gelähmter Junge, der nicht Schritt halten konnte, wurde auf der Straße erschossen. Ein Vierzehnjähriger, der einen Schuss ins Bein abbekommen hatte und nicht gehen konnte, wurde noch in dem Heim erschossen, bevor die anderen losmarschieren mussten.

Vier Tage später wurden Patienten im Krankenhaus in der Marosstraße zusammen mit dort arbeitenden Ärzten und Schwestern misshandelt und getötet.

Die Weihnachtsmorde schienen die Schleusen für eine neue, beispiellose Flut von Terroraktionen zu öffnen. Juden wurden aus den Häusern gezerrt, ausgezogen und ausgeraubt. Junge Jüdinnen wurden überfallen und vergewaltigt. „Kriegshure" wurde auf ihren Arm tätowiert, und sie wurden unbarmherzig in den Banden herumgereicht, die die Straßen unsicher machten. Berge von Leichen lagen in den Straßen, Menschen wurden an Bäumen oder Straßenlaternen aufgehängt, andere in die Donau geworfen. Fast niemand war sicher. In den letzten zwei Monaten der Belagerung Budapests wurden zwischen 10 000 und 15 000 Juden ermordet.

1. Januar 1945

Die Schutzmauern, die Wallenberg um seine Juden errichtet hatte, begannen zu bröckeln. Am Neujahrstag wurde ein schwedisches Haus, das mit einer schwedischen Flagge gekennzeichnet war, angegriffen. Wallenberg erfuhr davon und hetzte zum Schauplatz, gerade noch rechtzeitig, um die etwa achtzig jüdischen Bewohner vor dem Tod zu bewahren.

Ein paar Tage nach diesem Vorfall kam er zu spät. Am 8. Januar 1945 wurden 180 Männer, Frauen und Kinder aus einem Schutzhaus entführt, auf der Straße zusammengeschlagen und ermordet.

Anfang Januar 1945 wurde schließlich die letzte noch freie Straße aus Budapest heraus von den Truppen der Roten Armee eingenommen. Damit war die Stadt vom Rest der Welt abgeschnitten.

Eingeschlossen in dieser Falle waren Nazis und Pfeilkreuzler mit ihren jüdischen Gefangenen und Raoul Wallenberg. Da Waffengewalt die einzige Autorität war, befand sich jeder in Lebensgefahr. Die Plünderungen, Vergewaltigungen und Morde nahmen noch grausamere Formen an.

Der erwähnte Pater Andras Kun erklärte die Juden vor einer schießwütigen Bande zu Freiwild. Er war verantwortlich für eine Massenexekution in einem jüdischen Krankenhaus in Buda, wo er Pfleger und Patienten vor einem Massengrab aufreihte, seine Pistole schwang und dem Exekutionskommando den Befehl erteilte: „Im heiligen Namen Jesu Christi: Feuer!"

Frau Vilmos Salzer, eine weitere Pfeilkreuzler-Mörderin, gehörte zu einer Reihe von Frauen, die sich ein Vergnügen daraus machten, ihre Opfer zu quälen. Sie wurde bekannt dafür, dass sie eine Maschinenpistole in der einen Hand hielt und gleichzeitig die Genitalien ihrer weiblichen Opfer versengte oder eine brennende Kerze in sie einführte.

Aufgrund der erhöhten Gefahr betrat Wallenberg jetzt erst nach Anbruch der Dunkelheit verkleidet die Straßen. Pater Kun hatte seinen Leuten befohlen, Wallenberg aufzuspüren und ihn auf der Stelle zu erschießen. Für sein Ergreifen – tot oder lebendig – wurde schnell eine Belohnung ausgesetzt.

Wallenberg, der seinen Verfolgern immer wieder entkam, hatte in der Zwischenzeit neue Kontakte geknüpft. In diesen letzten Tagen des Krieges hatte er völlig unerwartet einen neuen Verbündeten gefunden: Pál Szalai, einen hohen Polizeibeamten und frühes Mitglied der Pfeilkreuzler, den die Gewalttätigkeit der Partei zunehmend abstieß. Durch Szalai erfuhr Wallenberg von mehreren geplanten Überfällen auf Juden und konnte den Mordkommandos zuvorkommen.

Szalai warnte Wallenberg auch vor mehreren Anschlägen auf sein eigenes Leben. Attentäter waren hinter ihm her. Wallenberg tauchte unter und schlief keine zwei Nächte mehr hintereinander in derselben Wohnung. Er wechselte alle paar Häuserblocks die Nummernschilder an seinem Wagen und benutzte ständig andere Autos. Vor den Pfeilkreuzlern zeigte er sich als Kurier, vor den Nazis wurde er zum Diplomaten. Szalai stellte ihm zwei zuverlässige Polizisten als ständige Leibwache zur Verfügung.

Trotz der äußerst großen, anhaltenden Gefahr für sein Leben weigerte sich Wallenberg, sich wie die anderen neutralen Diplomaten in Sicherheit zu bringen; stattdessen wollte er lieber bei „seinen Juden" bleiben.

Per Anger schreibt in seinen Memoiren über seine letzte Begegnung mit Wallenberg: „Ich bat ihn dringend, seine Aktivitäten jetzt zu beenden und bei uns in Buda diesseits der Donau zu bleiben. Die Pfeilkreuzler waren offensichtlich hinter ihm her, er konnte seine Rettungsaktionen jetzt nur mehr unter größter Gefahr fortsetzen. Wallenberg allerdings hörte nicht auf mich. Während überall in der Umgebung Bomben explodierten, begaben wir uns ins SS-Hauptquartier, wo ich unter anderem um die Benutzung des Luftschutzkellers für Gesandtschaftsmitglieder bitten sollte. Wir mussten den Wagen öfters anhalten, weil die Straßen mit Leichen, toten Pferden, ausgebrannten Lastern und Trümmern von ausgebombten Häusern blockiert waren. Aber Gefahr hatte Wallenberg noch nie abgeschreckt. Ich fragte ihn, ob er keine Angst habe. ,Manchmal kann es einem schon Angst machen', sagte er, ,aber ich habe keine Wahl. Ich habe diese Aufgabe auf mich genommen, und ich könnte niemals nach Stockholm heimkehren, ohne das sichere Bewusstsein, alles Menschenmögliche getan zu haben, um Juden zu retten.'

Während der Unterredung mit dem SS-General (Obergruppenführer Erich von dem Bach-Zelewsky) versuchte Wallenberg, Garantien dafür zu erhalten, dass die Juden in den schwedischen Häusern nicht noch in letzter Minute liquidiert würden. Wie üblich trug Wallenberg sein Anliegen geschickt und intelligent vor. Der SS-General hörte ihm recht skeptisch zu, konnte aber kaum verbergen, dass er von Wallenbergs Auftreten beeindruckt war. Besonders deutlich erinnere ich mich noch an jenen Teil der Diskussion, als der Deutsche Wallenberg unerwartet die Frage stellte: ,Sie kennen Gyula Dessemffy sehr gut? Er hat sich übrigens in Ihrem Haus versteckt!' Dessemffy war ein ungarischer adeliger Journalist, der nach der deutschen Invasion in den Untergrund gegangen war. Er war damals im ungarischen Widerstand sehr aktiv, und die Deutschen suchten ihn verzweifelt."[24]

Als Wallenberg einmal auf der Flucht vor Pfeilkreuzlern, die ihn verfolgten, spätnachts im Haus in der Benczúrstraße auftauchte, fand er dort seinen Freund und Fotografen Thomas Veres. Veres trat schnell zu ihm hin und flüsterte: „Meine Eltern sind verschwunden." Seine Augen verrieten seine

Angst, er sprach stockend und konnte seine Tränen kaum zurückhalten.

Einen Moment lang war Wallenberg wie erstarrt, dann berührte er Veres sanft am Arm, um ihn zu trösten. „Es tut mir so leid", sagte er und fasste Veres mit etwas festerem Griff an der Schulter, „es ist zu spät."

Veres' Eltern hatten zusammen mit einer Schweizer Familie in einem Haus am Varoszmarty-Platz gewohnt. Ein Pfeilkreuzlerkommando war unerwartet in das Haus eingedrungen und hatte ein geheimes Lebensmittellager entdeckt. Das Schweizer Ehepaar hatte entkommen können, aber Veres' Eltern hatten in der Falle gesessen. Jemand hatte gesehen, wie die Pfeilkreuzler sie mit vorgehaltenen Gewehren aus dem Haus trieben. Schließlich musste Thomas erfahren, dass sie erschossen und in die Donau geworfen worden waren.

In der Hoffnung, Wallenberg zu erwischen, überfiel eine bewaffnete Truppe die schwedische Gesandtschaft, plünderte die Büros und nahm den gesamten Mitarbeiterstab gefangen. Als sie merkten, dass Wallenberg nicht dabei war, ließen sie die Gefangenen nach einigen Verhandlungen frei.

In all den Schrecknissen hörte Wallenberg nicht auf, die Regierung mit einem Hagel offizieller Protestnoten zu überschütten. Seine Beschwerden waren in der Sprache der Diplomatie formuliert und hielten den Anschein einer zivilisierten Verständigung zwischen zwei Regierungen aufrecht. Gleichzeitig bestach er jeden, der ihm irgendwie Auskunft geben konnte, wo die Pfeilkreuzler als Nächstes zuschlagen würden.

In dieser völlig abgeriegelten Stadt gelang es Wallenberg noch immer, den Mordtruppen voraus zu sein. Im Gegensatz zu den gelernten Diplomaten war er bereit, zu verhandeln und auf alles einzugehen, was irgendwie Menschenleben retten konnte. Und er hatte eine letzte Waffe zur Verfügung – Lebensmittel.

Wenn ein Pferd auf der Straße starb, kamen die Leute mit Messern und Beilen angerannt, um sich Fleisch zu holen.

Innerhalb weniger Minuten war nichts mehr von dem Tier übrig als das Skelett. Wallenberg aber hatte mit bemerkenswertem Weitblick geheime Lebensmittellager angelegt und konnte die jüdische Gemeinde von diesen Vorräten ernähren. Als er erkannte, dass Nahrungsmittel die stärkste und praktisch die einzige Waffe waren, mit der er den willkürlichen Terroranschlägen auf die Juden noch entgegentreten konnte, beschloss er zu verhandeln.

Als Ort hierfür wurde ihm der Keller des Rathauses genannt.

In diesen Kellerräumen bewegte sich Wallenberg vorsichtig vorwärts. War das eine Falle? Den ganzen schwach beleuchteten Flur entlang lehnten bewaffnete Männer lässig an der Wand. In den inneren Räumen des Kellers standen der Polizeichef Sedey und der Pfeilkreuzlerführer Erno Vajna jetzt Wallenberg gegenüber. Die Atmosphäre war angespannt, aber Wallenberg ließ sich keine Nervosität anmerken. Die Pfeilkreuzlerführer wussten, dass Wallenbergs Angebot die einzige Möglichkeit für sie war, weiter gegen die Sowjets auszuhalten. Sie hatten keine andere Wahl und nahmen seine Bedingungen an.

„Die Angriffe auf die Juden müssen aufhören. Das ist das einzige Geschäft, das ich anbieten kann. Wenn die Angriffe aufhören, werde ich Ihnen Nahrungsmittel geben", erklärte Wallenberg bestimmt. Er ließ dieser Vereinbarung seine übliche schriftliche Bestätigung folgen.

Nach dieser Übereinkunft hörten die Angriffe auf die Juden nicht völlig auf, aber es war doch etwas von dem gewonnen, was Wallenberg jetzt am dringendsten brauchte – Zeit.

Januar 1945

Noch größere Gefahr als den Juden in den schwedischen Schutzhäusern drohte den Bewohnern des „Allgemeinen Ghettos". Die Nazis hatten Eichmanns Befehl, alle Juden zu vernichten, nicht vergessen. 500 Nazis und 200 bewaffnete Pfeilkreuzler versammelten sich neben dem Hotel Royal. Gemeinsam wollten sie jetzt Eichmanns Auftrag verwirklichen.

Im Inneren des Ghettos wurden die Juden von schrecklichen Vorahnungen befallen. Nach ihrem Sterben würde niemand mehr übrig sein, um sie zu beklagen. Aber hinter den Kulissen leitete Wallenberg einen aufsehenerregenden letzten Sieg in die Wege.

Durch den christlichen Mittelsmann Karoly Szabo, der sich frei auf den Straßen bewegen konnte, schickte Wallenberg an Szalai eine dringende Mitteilung und bevollmächtigte ihn, in seinem Namen mit dem SS-General August Schmidhuber zu sprechen.

Der SS-Offizier dachte im Moment mehr an seine eigene Zukunft als an seine Treue zum Deutschen Reich. Dieses Reich fiel gerade in sich zusammen, und Schmidhuber stand knietief im Schutt.

Szalai drohte dem SS-General, Wallenberg werde dafür sorgen, dass Schmidhuber als Mörder oder Verbrecher zur Rechenschaft gezogen werden würde, wenn er das Ghetto nicht vor der Zerstörung bewahrte.

Was würde sich durchsetzen – Eichmanns Auftrag oder Wallenbergs Widerstand? Das Leben von 63 000 Juden im Ghetto hing in der Schwebe; immer mehr nationalsozialistische und faschistische Bewaffnete versammelten sich vor dem „Allgemeinen Ghetto".

Schließlich machte Schmidhuber dem gespannten Warten ein Ende; er griff nach dem Telefonhörer und sagte das Gemetzel ab. Als die sowjetischen Truppen zwei Tage später in Budapest eintrafen, fanden sie über 60 000 jüdische Überlebende. Alle Menschen im Ghetto hatten überlebt, dank des Einflusses eines einzelnen Mannes.

11.
Die letzten Tage in Budapest

Budapest, 8. Januar 1945

Wallenberg war in den letzten Wochen der Belagerung in der abgeriegelten Stadt bei „seinen Leuten" geblieben. Obwohl er mehrere geheime Wohnungen besaß, ging er in den Untergrund, um seine Pfeilkreuzler-Verfolger abzuhängen. Zuerst versteckte er sich in der Hazai-Bank, wo der Tresorraum sowohl für jüdische Familien als auch für Vilmos Langfelder und Wallenbergs Fotografen Thomas Veres zum Zufluchtsort wurde.

Szalai besuchte Wallenberg dort und wurde von ihm in dem Versteck herumgeführt. „Haben Sie je irgendwo in der Welt einen Tresorraum gesehen, der wertvollere Schätze beherbergte als dieser hier?", fragte er den Ungarn. „Ein Menschenleben ist so viel mehr wert als Silber oder Gold!"

Wallenberg erzählte Szalai, er beabsichtige, mit den Russen in Verbindung zu treten, um Nahrungsmittel für die Juden in den Ghettos zu bekommen. Die Vorräte waren nur noch gering und eine Hungersnot drohte. Schon Ende Dezember hatten Wallenberg und der Schweizer Diplomat Harold Feller beschlossen, mit den Sowjets Kontakt aufzunehmen, aber Feller war von den Pfeilkreuzlern entführt worden und verschwunden.

Am 10. Januar, drei Tage, nachdem sie sich in die Hazai-Bank geflüchtet hatten, entschied Wallenberg, dass das Risiko zu groß war, wenn er blieb. „Ich muss immer in Bewegung sein", erklärte er den anderen. Um Mitternacht stahl er sich aus dem Bankgebäude fort. In einem Auto ohne Kennzeichen fuhr er zur Villa in der Benczúrstraße, der Zentrale des Roten Kreuzes, wo er von Georg Wilhelm empfangen wurde. In den nächsten drei Tagen begann er sich dort zu erholen. Er schlief lange und aß gut; die Gerichte wurden vom Küchenchef des Hotels Astoria selbst zubereitet.

Jetzt, wo er Zeit hatte, schaute er sich seine Notizen für ein geheimes Projekt an, das er plante: ein Rehabilitationszentrum für die Zeit nach dem Krieg.

Zusammen mit einer Gruppe jüdischer Berater, die in einem der Schutzhäuser an diesem geheimen Plan gearbeitet hatte, hatte Wallenberg ein Dokument mit Vorschlägen für die wirtschaftliche Wiederherstellung der Stadt (einschließlich der Rückgabe von Besitz und Geschäften an jüdische Eigentümer) und eine Notfalleinsatzgruppe für drohende Hungersnot und Krankheiten vorbereitet. Der Plan sollte zur Selbsthilfe ermutigen. Wallenbergs Kollegen wünschten sich, dass die Organisation den Namen „Wallenberg-Institut für Rettung und Rehabilitation" tragen sollte.

Wallenberg betonte: „Wir wollen die raschen Wege der Privatinitiative und der privaten Überwachung nutzen. Wir sind natürlich bereit, die Unterstützung der Regierung anzunehmen und gemeinsam mit den Behörden vorzugehen, vorausgesetzt, dass die Hilfe für die Betroffenen dadurch nicht verzögert wird."

Wallenberg sagte auch, dass er bei der Auswahl seiner Mitarbeiter auf drei Kriterien achtete: „Menschlichkeit, Ehrlichkeit und Einsatzbereitschaft."

Er hatte bereits einen Spendenaufruf für das Projekt entworfen. Die Einleitung lautete: „Ich bitte Sie um Nachsicht, dass ich mich in der ersten Person an Sie wende. Ich verspreche, dass dies das erste und das letzte Mal sein soll, und ich tue es auch jetzt nur, weil ich als erster Legationssekretär der humanitären Abteilung der Königlich-Schwedischen Gesandtschaft bekannt bin. Tausende von Ihnen haben bei der Organisation meiner Rettungsunternehmen geholfen, und nun bitte ich Sie um Ihre weitergehende Unterstützung für ein Hilfswerk. Wie Sie wissen, bin ich Staatsbürger eines neutralen Landes, aber ich glaube, es ist gerecht zu sagen, dass weder ich noch mein Land die Neutralität als bequemen, einfachen Ausweg aus dem Leiden angesehen haben. Im Gegenteil, meine Landsleute haben sich oft empfindlicher gegen menschliches Leiden gezeigt als die Leidenden selbst. Viele Monate lang habe ich das Leiden des ungarischen Volkes mit angesehen und, wenn das nicht zu anmaßend ist, ich glaube, dass ich geistig so daran teilgenommen habe, dass es mein eigenes Leiden geworden ist. Und weil ich es selbst so erlebt habe, erkenne ich den großen Bedarf nach schneller humanitärer Hilfe und Wiederherstellungsunternehmungen.“[25]

Nach drei Tagen Unterschlupf beim Roten Kreuz zog Wallenberg weiter. Sein erster Halt war das Büro in der Ulloistraße, wo eine Menge Anträge auf schwedische Schutzpässe auf seine Unterschrift warteten. Er unterschrieb sie, aber er glaubte nicht mehr, dass es nötig war. „Es ist fast vorbei“, sagte er zu einem Kollegen, „wir sind jetzt Geschichte.“

Langfelder fuhr Wallenberg als Nächstes zum Rathaus, wo sich Szalai inzwischen versteckt hielt. Sie diskutierten über die Zukunft.

Wallenberg erzählte Szalai, dass er eine Radiosendung machen wolle, um sein Hilfsprogramm ins Rollen zu bringen. Er fügte hinzu: „Aber zuerst muss ich die Dinge mit

Malinowskij und der Roten Armee klären." Dann fuhr er fort: „Ich möchte, dass Sie sich mit Malinowskij treffen, sobald die Stadt befreit ist. Und dann nehme ich Sie mit nach Schweden, mein Freund, damit Sie den König von Schweden kennenlernen. Ich möchte, dass die Welt erfährt, was Sie für uns getan haben und wie Sie uns bei unserem Unternehmen geholfen haben. Sie werden sehen, dass Sie nicht vergessen werden."

Vom Rathaus lenkte Langfelder den Studebaker zum Büro der Schweizer Gesandtschaft, wo Wallenberg verschiedene Dokumente und die dort für ihn versteckt gehaltene Summe von 200 000 Pengös abholte, die er für die Versorgungshilfe brauchte.

In dieser Nacht konnte man das Geschützfeuer der sowjetischen Truppen nur ein paar Straßen entfernt vom Haus des Roten Kreuzes in der Benczúrstraße hören. Ein deutsches Himmelfahrtskommando kämpfte noch im königlichen Palast; Heckenschützen auf Häuserdächern und Bewaffnete in dunklen Eingängen waren die letzten Stützen des Widerstands. Wallenberg, Langfelder und die anderen im Haus in der Benczúrstraße saßen in der Küche im Erdgeschoss dicht beieinander, während der Lärm der Geschütze in ihren Ohren dröhnte. Niemand schlief in dieser Nacht.

Früh am nächsten Morgen, am 13. Januar 1945, marschierte eine Straßenpatrouille durch den Schutt und durchsuchte Haus für Haus. Die Russen waren da.

Die Sowjets beschuldigten die ungarische Zivilbevölkerung, mit den Nazis sympathisiert und damit die Belagerung in die Länge gezogen zu haben. Einem Gerücht zufolge sollte den sowjetischen Soldaten zur Belohnung eine bedingungslose dreitägige Plünderung Budapests versprochen worden sein. Was immer daran wahr sein mochte – der Appetit der Roten Armee verschlang auf jeden Fall fast alles, von goldenen Uhren angefangen bis zu Frauen. Fast jede Frau, die von ihnen entdeckt worden war, wusste Schreckliches zu berichten.

Budapest selbst bestand fast nur noch aus Trümmern. In der Stadt gab es keine Elektrizität und kein Wasser mehr und kaum noch Nahrungsmittel. Sämtliche Brücken über die Donau waren von der Wehrmacht auf dem Rückzug gesprengt worden. Auf der anderen Seite des Flusses, in Buda, standen nur noch vier Gebäude. Von ungefähr 800 anderen Gebäuden war nur noch Schutt und Asche übrig.

Ein mitternächtliches Exekutionskommando versuchte, im „Allgemeinen Ghetto" noch so viele Juden wie möglich zu erwischen; ungefähr 3000 wurden getötet.

Aber fast 100 000 ungarische Juden hatten überlebt.

Raoul Wallenberg begegnete seinen russischen Befreiern am Morgen des 13. Januar, als die Straßenpatrouille auf die wartende Gruppe im Haus in der Benczúrstraße stieß. Über das Feldtelefon rief der Anführer der Patrouille Major Dimitrij Demtschinko herbei, der innerhalb einer halben Stunde in der Benczúrstraße 16 eintraf. Wallenberg stellte sich vor und zeigte ihm seine Papiere, die ihn als schwedischen Diplomaten auswiesen. Er erklärte auch, welche Rolle er in den vergangenen Monaten gespielt hatte. Er sah, wie der Major verblüfft die Stirn runzelte.

Wallenberg und Langfelder wurden von Demtschinko in das russische Hauptquartier in der Königin-Elisabeth-Straße geführt und verbrachten dort die Nacht.

Dem Befehlshaber des Bezirks Zugló, General Tschernischew, der sich die Einzelheiten von Wallenbergs eigenartiger

Mission erklären ließ, erschien die ganze Angelegenheit etwas rätselhaft. Wallenberg betonte, dass er den Kommandanten der Roten Armee, Marschall Malinowskij, und die provisorische neue Regierung, die ihr Hauptquartier in der etwa 200 Kilometer östlich von Budapest gelegenen Stadt Debrecen aufgeschlagen hatte, treffen müsse. Tschernischew gab seine Erlaubnis und händigte ihm die Genehmigung aus. Außerdem rüstete er Wallenberg mit einer zweiköpfigen Eskorte aus, die von Demtschinko angeführt wurde.

Der 17. Januar 1945 war der letzte Tag, an dem Raoul Wallenberg und Vilmos Langfelder als freie Männer gesehen wurden.

Sie kehrten zunächst mit dem Studebaker in das Haus in der Benczúrstraße zurück. Dort holte Wallenberg seinen Rucksack und seine Gelder – ungefähr 222 000 Pengös, eine ungewöhnlich hohe Summe zu jener Zeit. Von der Benczúrstraße brachte Langfelder Wallenberg in die Tatrastraße, wo er einigen anderen Mitarbeitern einen Teil des Geldes für die laufenden Kosten der Hilfsorganisation sowie zur Versorgung seines Mitarbeiterstabs und der Juden übergab. „In ungefähr einer Woche werde ich von Debrecen wieder zurück sein", sagte Wallenberg zu ihnen.

Er schien gelassen zu sein. Mit einem Blick auf seine russische Eskorte sagte Raoul: „Ich gehe nach Debrecen, aber ich weiß nicht, ob ich ihr Gefangener oder ihr Gast bin."

László Petö, einer von Wallenbergs engen Freunden, begleitete ihn einen Teil der Strecke. Die beiden machten einen kurzen Abstecher in ein von Wallenberg eingerichtetes schwedisches Krankenhaus, um noch schnell ein paar Geldfragen zu regeln. Als sie auf die Straße zurücktraten, rutschte Wallenberg auf dem Eis aus. Der Leiter des Krankenhauses, Pál Nevi, half ihm auf. Als Wallenberg den Schnee von seinem Ledermantel klopfte, liefen zwei ältere Männer mit gelben Sternen an ihnen vorbei; sie unternahmen ihre ersten Schritte in der Freiheit! Wallenberg bemerkte sie und sagte zu Pál: „Es freut mich, dass meine Bemühungen nicht umsonst waren."

Als sie das Haus in der Tatrastraße verlassen hatten, stieß der Studebaker mit einem Lastwagen der sowjetischen Armee zusammen. Petö berichtete später: „Die Russen waren wütend und zerrten Langfelder vom Fahrersitz. Gott weiß, was passiert wäre, aber einer aus der sowjetischen Eskorte griff ein und machte der Auseinandersetzung ein Ende."

Petö entschied sich, in Budapest zu bleiben und auf Nachrichten von seiner Familie zu warten, die während der Belagerung untergetaucht und seither verschwunden geblieben war. Der Studebaker hielt an der Ecke der Benczúrstraße. Petö stieg aus, schüttelte Wallenberg die Hand und begann, zurück zum Büro zu gehen.

Als er die Benczúrstraße ein paar Meter hochgegangen war, drehte er sich um und winkte noch einmal zu Wallenberg hinüber, der ihm vom Rücksitz aus nachsah. Dr. Petö beobachtete, wie der Studebaker in Richtung Osten verschwand.

Für Raoul Wallenberg hatten sich die Erfahrungen eines ganzen Lebens zu seinen sechs Monaten in Ungarn verdichtet. Die letzten paar Tage hatte er in halsbrecherischer Geschwindigkeit gelebt. Um die Verlorenen zu retten, hatte er sich wie ein moderner Daniel in die Höhle des Löwen gewagt.

Eine Zeit lang hatte es den Anschein gehabt, als könne Wallenberg mithilfe eines unsichtbaren Schutzengels auf dem Wasser gehen. Jetzt aber bewegte er sich nur noch auf einer hauchdünnen Eisschicht.

Teil 2

Das Geheimnis

12.
Wo war Raoul Wallenberg?

Zelle 123, Lubjanka-Gefängnis, Moskau

Was mit Raoul Wallenberg genau geschah, ist bis heute ungeklärt. Am 16. Januar 1945 informierte das sowjetische Außenministerium den schwedischen Botschafter in Moskau, Staffan Söderblom, dass Wallenberg unter sowjetischem Schutz stehe; er sei zu seinem eigenen Schutz in Gewahrsam genommen worden. Zu diesem Zeitpunkt machten sich die Schweden größere Sorgen um die anderen Diplomaten in Ungarn, zu denen der Kontakt seit Weihnachten abgerissen war; die gesamte schwedische Gesandtschaft, Danielsson, Per Anger und Lars Berg eingeschlossen, war untergetaucht.

In Stockholm wurden Raouls Mutter Maj von Dardel und sein Stiefvater Fredrik von Dardel langsam unruhig. Im Februar sprach seine Mutter bei der sowjetischen Botschafterin in Stockholm, Alexandra Kollontai, vor, die ihr sagte, ihr Sohn sei in Russland in Sicherheit. Kurz darauf erhielt Ingrid Günther, die Frau des schwedischen Außenministers, den gleichen Bescheid von Frau Kollontai. Dieses Mal fügte die sowjetische Botschafterin noch hinzu, es wäre besser, nicht allzu viel Aufhebens um diese Angelegenheit zu machen. Wallenberg werde schon zurückkommen.

Am 15. März 1945 verbreitete der von den Sowjets kontrollierte ungarische Sender Kossuth die Nachricht, Wallenberg sei auf dem Weg nach Debrecen von „Agenten der Gestapo" ermordet worden. Am 17. März telegrafierte das schwedische Außenministerium an Söderblom, er solle sich bei den Sowjets um Informationen bemühen.

Am 18. April kehrte die schwedische Gesandtschaft von Ungarn über Moskau und Leningrad nach Stockholm zurück, angeführt von Danielsson. Wallenbergs Mutter Maj, die am Stadgard-Kai gewartet hatte, wandte sich unter Tränen ab, als sie sah, dass ihr Sohn nicht bei Per Anger und den anderen war.

Aber wo war Raoul Wallenberg?

Budapest, 17. Januar 1945

Im Laufe des 17. Januars wurde Wallenberg irgendwo außerhalb von Budapest Agenten der Smersch übergeben. Die *Smersch* (wörtlich übersetzt: „Tod den Spionen") war die sowjetische Abteilung für Spionageabwehr innerhalb des Geheimdienstes NKWD, der bald zum KGB werden sollte, und befasste sich mit allen Spionen und Agenten. Nun hatten sie die Verantwortung für diesen geheimnisvollen Mann, der von sich behauptete, als Schwede einen Auftrag gehabt zu haben, der von den USA finanziert wurde. Die behauptete Rettung von Juden hielten sie für Tarnung.

Der Studebaker, das Geld und die anderen Wertgegenstände, die Wallenberg bei sich hatte, wurden beschlagnahmt.

Das NKWD brachte Wallenberg und Vilmos Langfelder per Bahn über Rumänien nach Moskau. Sie legten einen Zwischenaufenthalt in einer nordrumänischen Stadt mit Namen Jassy ein und aßen in einem Restaurant Luther. In Moskau versicherte das NKWD dem Diplomaten und seinem

Fahrer, dass sie sich nicht in Haft, sondern in Schutzgewahrsam befänden, womit sie bestätigten, was die Botschafterin Kollontai Wallenbergs Mutter in Stockholm gesagt hatte.

Eine kleine Stadtrundfahrt durch Moskau wurde organisiert, die auch eine Fahrt in der berühmten Moskauer Untergrundbahn mit einschloss. Die letzte Station dieser Moskautour war der Dserschinski-Platz. Auf einer Seite dieses Platzes stand ein vierstöckiges Gebäude, in dem früher die Verwaltung der Allgemeinen Russischen Versicherungsgesellschaft untergebracht gewesen war. Daneben stand ein modernes Gebäude, dessen oberstes Stockwerk seltsamerweise keine Fenster besaß.

Von ihren Beschützern begleitet, gingen Wallenberg und Vilmos Langfelder zusammen die Treppen hoch und betraten am 6. Februar das berüchtigte Lubjanka-Gefängnis, das Hauptquartier des NKWD. In einem beliebten Witz hieß es, dass die Lubjanka das höchste Gebäude der Sowjetunion sei: Vom obersten Stock könne man bis nach Sibirien sehen. Langfelder folgte Raoul Wallenberg durch den Eingang in die Empfangshalle und von dort in ein Vorzimmer.

Das Lubjanka-Gefängnis war die Erfassungsstelle für alle politischen Gefangenen in der Sowjetunion. Als Neuzugänge wurden Wallenberg und Langfelder wie üblich abgefertigt – Fingerabdrücke, Foto, die legendäre Aktenmappe aus braunem Hartpapier, in der Name, Nummer und Fallbeschreibung in die rechte obere Ecke gestempelt werden.

Sobald sie in der Lubjanka waren, wurden Raoul Wallenberg und Vilmos Langfelder getrennt.

Wallenberg folgte seiner Wache einen schwach beleuchteten Flur hinunter, an dessen Wand ein schwarzer Streifen entlanglief. Vor der Zelle 123 hielten sie an und Wallenberg wurde hineingeführt. Seine Zellengenossen waren Gustav Richter, der Vertreter Eichmanns in Bukarest, und Otto Scheuer, der an der Ostfront für das Dritte Reich gearbeitet hatte. Außerhalb der Gefängnismauern hatte Wallenberg unermüdlich gegen Männer wie diese gekämpft, aber in Zelle 123 wurden die drei Vertraute, die jetzt einem gemeinsamen Feind gegenüberstanden.

Die Zellentür besaß eine kleine Fensterklappe, durch die die Wache hereinschauen konnte; ein weiteres kleines Fenster ganz oben an der gegenüberliegenden Wand sorgte als Einziges für die Luftzufuhr in dem erbärmlich engen Raum, in dem man Platzangst bekommen konnte. Neben den Pritschen aus rohem Holz gab es noch einen Tisch und eine Kiste, die als Toilette diente. Düstere dunkelgrüne, fast schwarze Wände vervollständigten die Ausstattung des Raumes. In der Nacht war das Sprechen verboten.

Jeden Tag wurden die Gefangenen zur Bewegung auf das Dach des Gebäudes gebracht. Die 5,50 m hohe Mauer versperrte ihnen den Blick auf die Straße, aber der Verkehrslärm drang trotzdem bis zu ihnen herauf. Hupen, das Kreischen von Reifen und durchgetretenen Bremsen, das Brummen von Automotoren … das waren die einzigen Geräusche aus der Außenwelt.

In der ersten Nacht dachte Wallenberg wohl noch, es würde auch seine letzte in Zelle 123 sein. Am nächsten Morgen würde sich das Missverständnis sicherlich klären und man würde die Sache vergessen.

Richter erinnerte sich an Wallenbergs Sorge wegen seiner Mutter und seiner Verwandten. „Was wird meine Familie sagen, wenn sie erfährt, dass ich im Gefängnis bin?" Gegen Anfang oder Mitte Februar, nach ein paar Tagen in Zelle 123, setzte Wallenberg ein schriftliches Gesuch an den Direktor des Lubjanka-Gefängnisses auf, in welchem er gegen seine Festnahme Einspruch erhob und um Erlaubnis bat, mit der schwedischen Botschaft in Moskau Kontakt aufnehmen zu dürfen. Im Übrigen blieb er zuversichtlich, denn er war überzeugt, dass er freigelassen werden würde, sobald man seine Identität festgestellt hätte. Tragischerweise war es gerade seine Identität, die sein Schicksal besiegelte.

Wallenbergs erstes Verhör am 8. Februar 1945 durch das NKWD während seines Aufenthaltes in Zelle 123 wurde von einem Beamten in Zivil durchgeführt. Als Wallenberg den Raum betrat, in dem das Verhör stattfand, sagte der Beamte: „Ach ja, Sie sind das. Wir wissen alles über Sie. Wir wissen, wer Sie sind. Sie gehören zu einer großen kapitalistischen Familie in Schweden." Das Verhör dauerte eine bis eineinhalb Stunden. Als Wallenberg in Zelle 123 zurückkam, wirkte er etwas verwirrt. Er erzählte Richter und Scheuer: „Sie halten mich für einen Spion. Ich werde der Spionage für Amerika und möglicherweise auch für Großbritannien beschuldigt."

Im gleichen Monat wurde auf der Konferenz von Jalta festgelegt, wie das Nachkriegseuropa aussehen sollte.

Am 1. März 1945 wurde Richter in die Zelle 91 im sechsten Stockwerk des Lubjanka-Gefängnisses verlegt. Bevor er ging, schob Wallenberg ihm einen Zettel mit seinem Namen und der Adresse des schwedischen Außenministeriums zu. Doch Richter wurde durchsucht, bevor er in seine neue Zelle kam, und der Zettel wurde beschlagnahmt.

Auch Wallenberg wurde kurz darauf verlegt und kam so am 18. März mit Wilhelm Roedel, einem früheren Berater in der deutschen Botschaft in Bukarest, und Hans Loyda, einem in der Tschechoslowakei geborenen Übersetzer, zusammen.

Als Wallenberg seine Gefängnishabseligkeiten auf seine Pritsche gelegt hatte, begrüßte er seine neuen Zellengenossen und stellte sich vor. Roedel und Loyda lächelten ihn beide freundlich an. Sie hatten schon von ihm und seinem Auftrag in Ungarn gehört, durch ihren vorherigen Zellengenossen: Vilmos Langfelder.

Im Mai 1945 wurde seine Zellentür aufgeschlossen und man befahl ihm, seine Sachen zusammenzupacken. Vielleicht schöpfte er wieder Hoffnung, als er durch die schmuddeligen Gänge ging. Er wurde in einen Polizeiwagen ohne Kennzeichen verfrachtet und fragte sich sicherlich, wo seine mitternächtliche Reise hingehen würde.

Das Lubjanka-Gefängnis war die erste Stufe des Gefängnislebens, in dem die Gefangenen registriert und katalogisiert wurden. Sobald sie die Lubjanka einmal verlassen hatten, begann ihre Reise durch den Archipel Gulag.

Das Polizeifahrzeug fuhr durch das nächtliche Moskau und erreichte am 29. Mai das Lefortowo-Gefängnis, eine massige, in Form eines „K" gebaute Festung. Die Lubjanka hatte Wallenberg seinen Stempel aufgedrückt, das Lefortowo verschlang ihn.

Stellte er seinen Wächtern Fragen? Schlug man ihn, bis er ruhig war? Bemerkte er das Drahtnetz an jedem Treppenabsatz, das die Gefangenen davon abhalten sollte, sich mit einem Sturz von einem höheren Stockwerk umzubringen?

Er wurde ins dritte Stockwerk geführt. Die dunkle Metalltür von Zelle 151 wurde geöffnet und man schob ihn hinein. Blickte Wallenberg seinen Wächter an – erstaunt und verwirrt? Versuchte er zu erklären, dass alles ein Missverständnis und er kein Spion war?

Die Zelle 151 im Lefortowo-Gefängnis war verhältnismäßig geräumig. Sie war 3 m lang und 2,50 m breit und mit drei Betten, einem Tisch und einem Waschbecken mit fließend Wasser ausgestattet. An der Außenwand war sehr hoch oben ein Fenster mit einer metallenen Abdeckung angebracht. Wie in der Lubjanka gab es an der Tür eine Klappe, durch die die Wachen regelmäßig hereinschauten.

Claudio de Mohr, der in Zelle 152 im Lefortowo-Gefängnis schlief, hörte, wie zwei neue Gefangene in Zelle 151 gebracht wurden. De Mohr war italienischer Konsul in Bulgarien gewesen; die sowjetischen Truppen hatten ihn an der bulgarisch-türkischen Grenze festgenommen. Er erinnerte sich: „Nicht lang darauf hörten wir sehr früh am Morgen unsere neuen Nachbarn in Zelle 151 sich mit einer anderen Zelle durch Klopfzeichen verständigen. Wir verstanden einen Teil der Botschaft und erfuhren, dass einer der neuen Gefangenen im Januar 1945 von den Russen in Budapest gefangen genommen worden war. Später kamen wir in direkten Kontakt mit den Gefangenen in Zelle 151 und erfuhren von ihnen, dass der eine ein deutscher Diplomat namens Willi Roedel und der andere ein schwedischer Diplomat namens Raoul Wallenberg war. Wir waren sehr überrascht, dass ein schwedischer Diplomat gefangen genommen worden war, und um jedes Missverständnis auszuschließen, ließen wir uns diese Information mehrmals bestätigen."[26]

Wallenberg hatte keine Schwierigkeiten herauszufinden, wie sich die Gefangenen miteinander verständigten; er gab seine Nachrichten an die anderen Gefangenen durch Klopfzeichen an der Wasserleitung in der Ecke seiner Zelle weiter.

Ein Klopfen für „A", zwei für „B" usw. Er klopfte regelmäßig, und dadurch erfuhren die anderen Gefängnisinsassen
von seiner außergewöhnlichen Geschichte.

Wallenberg und Roedel wurden in den vierten Stock des
Lefortowo-Gefängnisses verlegt, in Zelle 203, genau über
Zelle 151, ihrer ersten Zelle nach ihrer Ankunft. Zelle 203 war
im „Diplomaten-Flügel" des Gefängnisses, wo einige Ausländer untergebracht waren. Solange sie dort waren, verständigten sich Wallenberg und Roedel mit einer ganzen Reihe von
Gefangenen.

Karl Supprian von der deutschen Botschaft in Bukarest teilte eine Zelle mit dem schon erwähnten Italiener Claudio de
Mohr. Er erinnert sich: „Ich war sehr überrascht darüber, dass
ein schwedischer Diplomat im Gefängnis war, und bat Roedel,
mir das noch einmal zu bestätigen, damit kein Missverständnis entstünde. Roedel wiederholte die Information: Ja, er hatte
eine Zelle mit Wallenberg geteilt, einem schwedischen Diplomaten, der 1945 in Budapest verhaftet worden war."[27]

Heinz-Helmut von Hinckeldey, ein deutscher Major, sagt
aus: „Ich ‚unterhielt' mich mit Wallenberg auf Deutsch. Wallenberg gab den Namen seiner Familienbank in Stockholm
als Adresse an. Er sagte mir, er habe sich bei seinen Verhören
auf seinen diplomatischen Status berufen und sich geweigert,
irgendwelche Aussagen zu machen." Wallenberg erzählte von
Hinckeldey, er habe wiederholt verlangt, mit der schwedischen Botschaft Kontakt aufnehmen zu dürfen, aber vergeblich.[28]

Ein Stockwerk unter Wallenberg und Roedel teilten Ernst
Wallenstein und Bernhard Rensinghoff die Zelle 105. Mit
dem Klopfzeichensystem hatten beide regelmäßigen Kontakt
zu Zelle 203.[29]

In der Nachbarzelle von 203, Zelle 202, saß Willi Bergemann ein. Bergemann sagte: „Wallenberg war ein sehr eifriger Klopfer. Er klopfte in perfektem Deutsch. Wenn er mit uns sprechen wollte, dann klopfte er immer fünfmal hintereinander, bevor er anfing."[30]

Wallenberg und sein ungarischer Freund und Fahrer Vilmos Langfelder waren, wie bereits erwähnt, bei ihrer Ankunft im Lubjanka-Gefängnis im Februar 1945 getrennt worden. Weil man ihn für einen Komplizen hielt, wurde Langfelder ebenfalls wie ein Spion behandelt. Langfelders erste Zellengenossen im Lubjanka-Gefängnis waren der Deutsche Roedel und der Tscheche Hans Loyda, beide Kriegsgefangene. Er wurde zweimal über die Umstände verhört, die zu seiner und Wallenbergs Verhaftung geführt hatten. Am 18. März wurde Langfelder ins Lefortowo-Gefängnis gebracht und drei Tage lang in Einzelhaft gehalten. Dann brachte man ihn in Zelle 105, wo er mit Erhard Hille zusammentraf, einem deutschen Obergefreiten. Langfelder erzählte Hille, dass Wallenberg versucht hatte, mit dem sowjetischen Hauptquartier in Ungarn in Kontakt zu kommen, um zu veranlassen, dass das Viertel der schwedischen Gesandtschaft nicht weiter beschossen würde, weil es dort keine kugelsicheren Bunker gab.

Hille war vom 22. März bis zum 6. April 1945 Langfelders Zellengenosse. Dann wurde der deutsche Kriegsgefangene ins Moskauer Gefängnis Butyrka in die Zelle 287 verlegt. Er traf Langfelder nie wieder, kam dafür aber mit einigen ausländischen Kriegsgefangenen zusammen, die die Zelle mit Langfelder geteilt hatten, unter anderen Hans Loyda. Von Loyda erfuhr Hille, dass nach Langfelders Verlegung am 18. März Raoul Wallenberg seinen Platz eingenommen hatte.

Weitere Einzelheiten über Wallenbergs Verhöre kamen zur

Sprache. Loyda sagte, dass Wallenberg mehrere Male vom NKWD verhört worden war. Die Leiter der Verhöre sagten, er sei ein reicher Kapitalist.

Im Laufe des Jahres 1945 kam Langfelder als Zellengenosse mit Horst Kitschmann, Ernst Huber, einem Finnen namens Pelkonen und anderen in Kontakt. Durch die Gespräche mit seinen Mitinsassen wurden die näheren Umstände von Langfelders und Wallenbergs Verhaftung in Budapest bekannt.

Eine Tatsache trat ganz klar hervor: Wallenberg und Langfelder waren von der Smersch-Abteilung des NKWD verhaftet worden. Sie galten als Spione!

13.
Diplomatische Katastrophe

Moskau – Stockholm – New York, April 1945

Im Laufe des Jahres 1945 mag Raoul Wallenberg trotz seiner Gefangenschaft im Lubjanka- und dann im Lefortowo-Gefängnis zuversichtlich gewesen sein. Doch gerade die ersten Monate seiner Gefangenschaft sollten sich, was die diplomatischen Bemühungen anbetraf, als eine Katastrophe herausstellen.

Der schwedische Botschafter in Moskau, Staffan Söderblom, sollte für die Geschichte von Wallenbergs Verschwinden eine verheerende Rolle spielen. Er war für zwei verhängnisvolle Fehlentscheidungen verantwortlich.

Die erste wurde am 10. April 1945 getroffen, als der amerikanische Botschafter in Moskau, Averell Harriman, sich anbot, bei den Nachforschungen über Wallenbergs Verbleib zu helfen. Ohne jede Rücksprache mit Schweden wies Söderblom dieses Hilfsangebot zurück. Es dauerte zwanzig Jahre, bis dieser schwerwiegende Fehler in Schweden öffentlich bekannt wurde.

Eine Woche nach Harrimans Angebot kehrten die schwedischen Gesandtschaftsangehörigen, die in Budapest Wallenbergs Kollegen gewesen waren, von Ungarn nach Stockholm zurück.

Am 14. April telegrafierte Söderblom seinem Außenministerium, Wallenberg sei „wahrscheinlich getötet" worden, und es gebe wenig Hoffnung, dass diese Angelegenheit jemals

„geklärt" werden würde. Der schwedische Botschafter schloss sich damit der Haltung der sowjetischen Regierung an.

Weil er von seiner Regierung dazu aufgefordert wurde, drang Söderblom bei den sowjetischen Behörden auf Auskunft über Wallenbergs Verbleib; aber er zeigte keinen großen Eifer, dem Fall weiter nachzugehen.

In Schweden hatte die führende Stockholmer Zeitung Dagens Nyheter inzwischen einen Leitartikel über Wallenbergs außergewöhnlichen Geheimauftrag in Ungarn herausgebracht und einen ungarischen Juden interviewt, der gerade nach Schweden gekommen war. Und noch im gleichen Monat, am 26. April 1945, veröffentlichte die New York Times einen Artikel über Wallenbergs Verschwinden.

Lefortowo-Gefängnis 1945–1946

Wallenberg hoffte vielleicht noch auf eine baldige Entlassung, als er 1945 in seiner Zelle im Lefortowo-Gefängnis auf und ab lief. Doch die Zeit verging schnell, und aus den Wochen wurden Monate. Bald ging es auf Weihnachten zu. Vor genau einem Jahr hatte er in einem Brief an seine Mutter überlegt, wann er wohl nach Hause kommen würde. Außerdem dachte er über seine zukünftigen Aussichten auf einen Arbeitsplatz nach. Jetzt, wo Weihnachten näher rückte, bekam er vielleicht wieder Hoffnung. Was würde im neuen Jahr auf ihn zukommen?

Im Sommer 1946 schrieb Wallenberg an Stalin. Zunächst besprach er, über das Klopfsystem, den Inhalt des Briefes mit den anderen Gefangenen. Er beriet sich mit Rensinghoff,

Wallenstein und von Rantzau. Sie kamen überein, dass der Brief auf Französisch abgefasst sein sollte.

Er befasste sich mit dem einen Thema: Er sei Diplomat – warum werde er im Gefängnis festgehalten? Könne er bitte mit der schwedischen Botschaft in Moskau oder dem Roten Kreuz Kontakt aufnehmen, entweder schriftlich oder – was er vorziehen würde – persönlich?

Wallenberg erhielt keine Antwort, aber er wurde zu einem weiteren Verhör geholt. Als er in seine Zelle zurückkehrte, klopfte er eine Nachricht an Rensinghoff: „Das NKWD sagte, ich sei ein politischer Fall." Mit der typischen Logik der Geheimpolizei hatte der verhörende Kommissar verlangt: „Wenn Sie unschuldig sind, dann beweisen Sie es."

Laut Rensinghoff erzählte Wallenberg ihm auch, der NKWD-Kommissar habe gesagt, der beste Beweis für Wallenbergs Schuld sei, dass weder die schwedische Gesandtschaft in Moskau noch die schwedische Regierung sich um seinen Fall bemüht hätten. „Niemand kümmert sich um Sie", hatte der NKWD/KGB-Offizier ganz unverblümt gesagt. „Wenn die schwedische Regierung oder ihre Botschaft hier auch nur das geringste Interesse an Ihnen hätten, dann hätten sie schon lange den Kontakt zu Ihnen aufgenommen."

Rensinghoff konnte Wallenbergs Gesicht nicht sehen, als er diese Nachricht an die Wasserleitung klopfte, und das Klopfen selbst verriet nichts von Wallenbergs Gefühlen.

Er wurde 1946 noch einmal verhört und berichtete Rensinghoff wieder davon. Auf Wallenbergs Frage, ob man ihm einen Prozess machen und ihn öffentlich anklagen würde, hatte der verhörende NKWD/KGB-Kommissar geantwortet: „Aus politischen Gründen wird man Sie nie vor Gericht stellen."

Falls Raoul glaubte, die Welt mache sich Sorgen um ihn, wäre er bitter enttäuscht gewesen über die Ereignisse außerhalb der Gefängnismauern.

Edward af Sandeberg, ein schwedischer Auslandskorrespondent in Berlin, war aus einem sowjetischen Gefängnis entlassen worden, wo er als angeblicher Spion gefangen gewesen war, und kehrte im Juni 1946 nach Schweden zurück. Als er im Außenministerium von seinen Erlebnissen berichtete, erzählte er, er habe im Gefängnis einen Rumänen und einen Deutschen getroffen, die beide einem schwedischen Diplomaten namens Wallenberg begegnet seien.

Sandeberg wusste nichts über den Fall Wallenberg und hatte keine Ahnung, wie hochbrisant seine Information war. Das Außenministerium unternahm keinen Versuch, der Sache nachzugehen. Erst zehn Jahre später tauchte Sandebergs erwähnter „Deutscher" im Westen auf: Erhard Hille wurde Ende 1953 freigelassen und erzählte im Juli 1954 dem Schweden Rudolph Philipp in Berlin von seiner persönlichen Begegnung mit Wallenberg. Auch andere Kriegsgefangene würden von diesem geheimnisvollen Schweden berichten, der in sowjetischen Gefängnissen lebendig begraben war. Philipp handelte unter anderem im Auftrag der Familie Wallenberg, als er sich mit Hille traf.

Die zweite diplomatische Katastrophe geschah in Moskau, nicht weit von Wallenbergs Gefängnis entfernt. Wieder war der schwedische Botschafter in Moskau, Staffan Söderblom, der Hauptverantwortliche.

Im Juni 1946 war Raoul Wallenberg schon sechzehn Monate in Gefangenschaft. Ganz in der Nähe seiner Zelle im

Lefortowo-Gefängnis fand am 15. Juni ein Treffen statt, das sein Schicksal für die nächsten zehn Jahre besiegeln sollte. Söderblom wurde von Stalin zu einem persönlichen Gespräch empfangen, und im Laufe des Gespräches erwähnte Söderblom das Verschwinden Raoul Wallenbergs. Der sowjetische Diktator versprach, sich um diese Sache zu kümmern. Söderblom buchstabierte den Namen, und Stalin schrieb ihn auf einen Block, der vor ihm auf dem Schreibtisch lag.

Ohne eine Veranlassung dazu zu haben, fuhr Söderblom fort: „Ich persönlich glaube, dass Wallenberg in Budapest umgekommen ist." Und er schlug Stalin vor, durch eine offizielle Erklärung zu bestätigen, dass die Nachforschungen keine weiteren Hinweise und Informationen über den verschwundenen Diplomaten ergeben hätten. „Das wäre in Ihrem eigenen Interesse", erklärte Söderblom, „denn es gibt Leute, die ohne eine Erklärung die falschen Schlüsse ziehen würden."

Stalin antwortete: „Ich verspreche Ihnen, dass wir die Angelegenheit untersuchen und klaren werden. Ich werde mich persönlich darum kümmern."

Dieses verblüffende Gespräch wurde vom schwedischen Außenministerium geheim gehalten. Vierunddreißig Jahre lang war es ein Staatsgeheimnis, bis 1980 1900 Seiten geheimer Dokumente veröffentlicht wurden, die diesen außergewöhnlichen Fall betrafen.

Möglicherweise war keine andere Begebenheit für Wallenbergs Schicksal von so entscheidender Bedeutung wie dieses Gespräch Söderbloms mit Stalin. Drei Monate später wurde die schwedische Regierung aufgefordert, ihre Erkundigungen einzustellen. Der Fall Wallenberg sei abgeschlossen.

Im gleichen Jahr erfuhr die schwedische Öffentlichkeit

von Wallenbergs wagemutigem Einsatz in Ungarn, und zwar durch ein Buch des bereits erwähnten, in Schweden lebenden jüdischen Journalisten Rudolph Philipp, in welchem dieser über Wallenbergs Mission berichtete und überzeugende Argumente dafür anführte, dass Wallenberg noch am Leben und in Gefangenschaft sei. Philipp sowie Wallenbergs Eltern hofften, das Buch werde Interesse und Mitgefühl für Wallenbergs Fall wecken. In Stockholm wurde ein Bürgerkomitee gegründet, um den Fall weiter zu untersuchen. Bald hatte das Komitee eine Million Unterstützer.

Im Stockholmer Außenministerium war der Fall Wallenberg ein Ärgernis, eine Störung, von der man dachte, sie würde mit der Zeit verschwinden. In Ungarn dagegen war Wallenberg eine Legende, und im August 1946 veranlassten die Budapester Juden, dass die Phönixstraße im Zentrum des ehemaligen Ghettos in „Wallenbergstraße" umbenannt wurde.

14.
Die Antwort der Sowjetunion

Lefortowo-Gefängnis, 27. Juli 1947

1947, das dritte Jahr von Wallenbergs Gefangenschaft, sollte sich ebenfalls als verheerend erweisen. Es war das Jahr, in dem die Sowjets zur Tat schritten. Nur Wallenbergs KGB-Akte wird eines Tages ganz genau enthüllen, wen Stalin dazu bestimmte, sich um den Fall des vermissten Diplomaten zu „kümmern".

In der Nacht des 27. Juli gab es einen regen Klopfzeichenverkehr im Lefortowo-Gefängnis. Man hörte das Rasseln von Schlüsseln und das Geräusch von Türen, die geöffnet und geschlossen wurden. Dann wurden die Gefangenen zum Verhör gebracht. Im Mittelpunkt dieses nächtlichen Verhörs stand Raoul Wallenberg.

Die Verhöre begannen gegen 22.00 Uhr und wurden die ganze Nacht hindurch geführt. Keiner wusste genau, worauf die Kommissare eigentlich hinauswollten. Ein NKWD/KGB-Oberst stellte die Fragen, und ein Oberstleutnant übersetzte.

Richter kam als Erster dran. Man riss ihn aus dem Schlaf und führte ihn in die Zelle für die Verhöre, wo er sich den zwei finster blickenden KGB-Offizieren gegenübersah. Richter stand unter einer einsamen Glühbirne. Er hatte das Gefühl, Platzangst zu bekommen in diesem stillen Raum. Der Oberst saß vor einem langen Eichentisch; er hatte einen leeren Notizblock vor sich liegen, Zigaretten und einen Aschenbecher daneben.

„Zählen Sie alle Gefangenen auf, mit denen Sie bisher zusammen waren", befahl der Oberst.

Richter schloss für einen Moment die Augen und blinzelte. Sein Mund war wie ausgetrocknet; er räusperte sich und hustete. In seinem Kopf rasten die Gedanken durcheinander. Worum ging es hier eigentlich? Was wollten die von ihm?

Er zögerte kurz und begann dann, seine Namensliste aufzusagen; er überlegte immer wieder, um ja keinen Namen zu vergessen.

Als Richter den Namen Wallenberg erwähnte, unterbrach ihn der Oberst. Jahre später würde Richter sich diesen Augenblick ins Gedächtnis zurückrufen: „Und dann forderten sie mich auf, die Namen all derer zu nennen, denen gegenüber ich meine Begegnung mit Wallenberg erwähnt hatte."

Der Oberst machte sich ein paar Notizen, während Richter sprach. Er hatte gefunden, was er suchte, und Richter wurde aus dem Verhörzimmer geführt. Er wandte sich in Richtung seiner Zelle, aber der Wächter schob ihn den Gang hinunter, an seinem Block vorbei zu den Strafzellen. Die nächsten sieben Monate verbrachte Richter in Einzelhaft.

Als Richter in jener Nacht das Verhörzimmer verließ, wurden der Reihe nach die anderen ausländischen Gefangenen vor den KGB-Oberst gebracht. Loyda, Roedel, Scheuer …

Alle Gefangenen, von denen man vermutete, dass sie Raoul Wallenberg gesehen oder mit ihm gesprochen hatten, wurden in dieser Nacht verhört. Man schärfte ihnen ein, nie mehr über Wallenberg zu sprechen. Und alle wurden nach dem Verhör mehrere Monate lang in Einzelhaft gehalten.

Horst Kitschmann berichtete: „Sie befahlen mir, die Namen aller Männer aufzuzählen, mit denen ich eine Zelle geteilt hatte. Als ich Langfelder erwähnte, fragten sie mich, was er mir erzählt habe. Ich sagte es ihnen, und dann fragte mich der leitende NKWD-Oberst, wem ich sonst über Langfelder erzählt hätte."

Kitschmann wurde aus dem Verhörzimmer geführt und blieb vom 27. Juli 1947 bis zum 23. Februar 1948 in Einzelhaft. Als er seine Wächter fragte, warum er in Einzelhaft sei, wurde ihm gesagt: „Zur Strafe, weil Sie Ihren Zellengenossen von Langfelder und Wallenberg erzählt haben."

Ein anderer Gefangener bestätigte diese Vorgänge: Ernst Huber wurde in derselben Nacht verhört und aufgefordert, die Namen aller Gefangenen aufzuzählen, mit denen er zusammen gewesen war. Huber erinnerte sich, dass der Oberst ihn unterbrach, als er Langfelder erwähnte. Er erzählte: „Für den Rest des Verhörs ging es dann nur noch um Wallenberg und was Langfelder mir über ihn erzählt hatte." Huber wurde danach, wie die anderen auch, einige Monate in Einzelhaft gehalten.

Nach diesem Muster wurde mit allen Gefangenen verfahren, die die Zelle einmal mit Wallenberg oder seinem Fahrer Vilmos Langfelder geteilt hatten.

Moskau – Stockholm 1947

Die Verhöre vom 27. Juli waren nur eine Vorbereitung. Als sie abgeschlossen waren, wurde das sowjetische Vorgehen im Fall Wallenberg endgültig festgelegt. Einen Monat später, am 18. August 1947, ließ der sowjetische Vizeaußenminister Andrej Wyschinskij als Antwort auf Schwedens Anfragen bezüglich Raoul Wallenbergs geheimnisvollem Verschwinden mitteilen: „Wallenberg ist nicht in der Sowjetunion und er ist uns unbekannt."

Die Note schloss mit der Annahme, der verschwundene Diplomat sei beim Kampf in Ungarn gefallen oder aber von Szálasi-Anhängern gefangen genommen worden.

Bei dieser offiziellen Erklärung zum Fall Wallenberg sollten die Sowjets die nächsten zehn Jahre bleiben.

Diese Nachricht muss für Wallenbergs Eltern, seine Halbschwester Nina Lagergren, ihre Familie und Freunde in Stockholm und alle, die angespannt auf die Rückkehr ihres geliebten Helden warteten, ein großer Schock gewesen sein.

Im Außenministerium, wo man noch immer keinen Versuch gemacht hatte, den Hinweisen des Journalisten Edward af Sandeberg nachzugehen, verursachte die Neuigkeit keine so große Aufregung. Doch angesichts der wachsenden Betroffenheit der Öffentlichkeit und der Berichterstattung in der Presse rief das Außenministerium schließlich ein Expertenkomitee zur erneuten Durchsicht der sich häufenden Zeugenaussagen ins Leben.

Im November 1947 traf Außenminister Östen Undén, der als russenfreundlicher Marxist bekannt war, mit dem Wallenberg-Bürgerkomitee zusammen. Als man ihm wiederholt Fragen über Wyschinskijs Erklärung stellte, fragte Undén etwas gereizt zurück: „Glauben Sie etwa, dass Herr Wyschinskij lügt?"

„Ja", sagte ein Mitglied des Komitees frei heraus.

Undén geriet völlig außer sich. „Das ist ja unglaublich, absolut unglaublich!", stieß er hervor.

Wyschinskij hatte bei Stalins brutalen Säuberungsaktionen und den Schauprozessen in den 1930er-Jahren eine führende Rolle gespielt. Undén konnte sich dennoch nicht dazu überwinden, an der sowjetischen Führung zu zweifeln.

Während das schwedische Außenministerium die Hände in den Schoß legte, unternahmen die Juden in Budapest allerlei Anstrengungen, um Wallenbergs Gedenken zu ehren. Sie konnten nicht vergessen, was sie ihm verdankten. Sie weigerten sich, den Berichten über seine Ermordung zu glauben, und versuchten, seine Verdienste zu würdigen. Eine Statue wurde in Auftrag gegeben. Im April 1948 sollte der Budapester Bürgermeister Josef Bognar sie enthüllen und den verschwundenen Diplomaten ehren. In der Nacht vor der Enthüllungsfeier verschwand das Denkmal. Sowjetische Soldaten hatten es entfernt. Zwei Jahre später tauchte es vor einem staatlichen pharmazeutischen Betrieb in der Stadt Debrecen wieder auf, wo es viele Jahre blieb. Die Gedenktafel für Wallenberg war entfernt worden. Die Inschrift hatte gelautet: „Dieses Denkmal ist unsere stille und ewige Dankbarkeit für ihn und soll uns immer an seine Menschlichkeit in einer unmenschlichen Zeit erinnern."

Wallenberg wurde auch für den Friedensnobelpreis 1948 vorgeschlagen; Albert Einstein und andere Würdenträger unterstützten die Nominierung.

Die Sowjetunion reagierte prompt. Die halbamtliche sowjetische Wochenzeitung Novaja Vremja veröffentlichte einen Artikel unter dem Titel „Die Wallenberg-Legende". Ohne seine Mission in Ungarn auch nur zu erwähnen, wurde Wallenberg als ein Vorwand für „antisowjetische Provokation" im Interesse von „amerikanischen Kriegshetzern" dargestellt. Wie die Sowjets vorausgesehen hatten, brachte Wyschinskijs Erklärung die Schweden zum Schweigen.

Es muss die Sowjets dennoch gewundert haben, dass von den Schweden kein energischer Versuch unternommen wurde, ihren Diplomaten zu befreien. Somit sahen sie sich in ihrem Verdacht bestätigt, dass Wallenberg ein Spion war. Er musste ein Spion sein! Warum hätte er sich sonst in einer so gefährlichen Zeit in Ungarn aufhalten sollen? Um Juden zu retten? Diese Erklärung musste ihnen unglaubhaft vorkommen.

Wie man gelegentlich hört, hatten die Sowjets Interesse an einem möglichen Austausch. Man hatte in anderen europäischen Staaten bereits gute Erfahrungen damit gemacht, und diese Möglichkeit gehörte schon fast zum üblichen diplomatischen Vorgehen. Anfang 1946 hatte die Schweizer Regierung erfolgreich über den Austausch eines ihrer Staatsbürger verhandelt: Harold Feller, der an Wallenbergs Seite in Budapest gearbeitet hatte. Obwohl Feller bereits der Spionage beschuldigt worden war, hatten die Sowjets zunächst jegliches Wissen über seine Verhaftung abgestritten. Die Schweizer gaben jedoch nicht auf und setzten sich weiter für seine Freilassung ein, und ein Jahr später kam Feller im Austausch für acht der Spionage überführte sowjetische Staatsbürger frei. (Feller wurde zusammen mit vier anderen Schweizer Diplomaten und Konsulatsbeamten freigelassen.)

Das Interesse der Sowjets an einem möglichen Austausch Wallenbergs wurde bei einem Treffen des neuen schwedischen Botschafters in Moskau, Ulf Barck-Holst, mit Beamten des Außenministeriums in Moskau bestätigt. Als Barck-Holst auf den Fall Wallenberg zu sprechen kam, fragte ein sowjetischer Beamter: „Was können Sie uns über Lydia Makarowa oder Anatol Granowskij oder die Balten sagen?" (Dabei handelte es sich um politische Flüchtlinge, die in Schweden lebten.)

Die schwedische Regierung hatte 1946 mit der Sowjetunion Wirtschaftsverhandlungen geführt, ohne Bedingungen zu stellen. Sie hatte sowjetische Spione ausgewiesen, ohne den

Austausch mit Wallenberg zu verlangen[31]. Und jetzt lehnte es Außenminister Undén ab, über einen Austausch, egal unter welchen Bedingungen, zu verhandeln.

Lefortowo-Gefängnis

Willi Bergemanns Zelle 202 im Lefortowo-Gefängnis lag neben Raoul Wallenbergs Zelle. Das genaue Datum weiß er nicht – vielleicht irgendwann im Sommer 1946. Aber er erinnert sich an eine eilige Nachricht, die aus Wallenbergs Zelle herübergeklopft wurde: „... Wir werden weggebracht ..."

Danach hörte Bergemann das Geräusch von trommelnden Fäusten an der Wand. Die Gefangenen wurden entfernt, und für die nächsten Tage war die Zelle neben Willi Bergemann, wo Wallenberg untergebracht gewesen war, leer und still.

Nach Stalins „Untersuchung" des Falles Wallenberg kamen wie erwähnt alle Gefangenen, die mit Raoul Wallenberg Kontakt gehabt hatten, in Einzelhaft. Die neuen Regeln forderten, dass auch Wallenberg in Einzelhaft oder nur mit schon lange einsitzenden Russen unterzubringen war.

Und so begann die einsame Odyssee Raoul Wallenbergs durch die finstere Welt des Gulag.

Im Lauf der nächsten zehn Jahre zerbrachen seine Hoffnungen vermutlich Stück für Stück. Seine Mutter und seine Familie versuchten immer wieder vergeblich, Licht in die undurchdringliche Dunkelheit zu bringen.

Die „Willkommen zu Hause, Raoul"-Schilder verblassten vielleicht, aber 1951 erhellten aufregende Neuigkeiten den Horizont. Ein italienischer Diplomat, der kürzlich in einem Austausch aus einem russischen Gefängnis gekommen war, erwähnte auf einer Cocktailparty zur Feier seiner Freilassung zufällig Wallenbergs Name. Dieser Diplomat war Claudio de Mohr, der in Zelle 152 im Lefortowo-Gefängnis gesessen hatte … direkt neben einem Gefangenen namens Raoul Wallenberg.

Moskau – Stockholm 1952-1957

Durch gemeinsame Freunde erreichte diese Nachricht endlich auch Wallenbergs Mutter in Stockholm. Guy von Dardel, Wallenbergs Stiefbruder, suchte de Mohr in Rom auf, um von ihm weitere Informationen zu erhalten.

Am 11. Februar 1952 wurde eine Note an den sowjetischen Botschafter in Stockholm übergeben. Hierin wird beschrieben, Untersuchungen hätten ergeben, dass sich Wallenberg in Gefangenschaft in Moskau befinde, zweitweise im Lefortowo-Gefängnis.

Am 16. April erhielten die Schweden eine Antwort. In jener beharrten die Sowjets auf ihre Aussage, Wallenberg nicht zu kennen.

Doch die Schweden ließen nicht locker und unternahmen einen Monat später, am 23. Mai 1952, den nächsten Versuch. Sie forderten Rodionow indirekt auf, neue Untersuchungen durchzuführen. Erst fünfzehn Monate später erfolgte die Antwort durch den sowjetischen Botschafter Konstantin Rodionow an den schwedischen Staatssekretär Lindberg: „Wallenberg hat sich nie in der Sowjetunion aufgehalten. Er befindet sich nicht dort und ist uns unbekannt."

Zwischen 1952 und 1954 stellten die Schweden 15 schriftliche und 34 mündliche Anträge auf die Freilassung Wallenbergs an die Sowjetunion. Die sowjetische Antwort blieb unverändert: „Wallenberg hat sich nie in der Sowjetunion aufgehalten. Er befindet sich nicht dort, und wir kennen ihn nicht.“

1955 erreichte Bundeskanzler Konrad Adenauer durch seine Verhandlungen die Freilassung der letzten deutschen Kriegsgefangenen aus sowjetischer Gefangenschaft. Durch de Mohrs Zeugenaussage aufmerksam geworden, hielt das schwedische Außenministerium jetzt Ausschau nach Leuten, die etwas über den verschwundenen Diplomaten wussten. Ein strenges Prüfungsverfahren wurde eingeführt.

Die Namensliste war sehr lang! Mittlerweile waren Wallenbergs Mitgefangene als freie Menschen im Westen. Und sie begannen zu sprechen.

„Ja, ich kannte Raoul Wallenberg. Ich teilte eine Zelle mit ihm im Lubjanka-Gefängnis …“ Es war Richter.

Andere folgten.

Jetzt standen die Nachrichten über seine Festnahme, Inhaftierung und Gefangenschaft außer Zweifel. Es war auch klar, dass er noch am Leben war. Es gab immer noch Hoffnung. Man schrieb das Jahr 1955.

Die beeindruckenden Aussagen von Männern, die direkten Kontakt zu Raoul Wallenberg gehabt hatten, wurden schließlich in einem Weißbuch zusammengefasst, das das schwedische Außenministerium veröffentlichte.

Gustav Richter: „So lange R. W. die Zelle im Lubjanka-Gefängnis mit mir teilte, wurde er nur einmal verhört. Der verhörende Beamte sagte unter anderem zu ihm: ‚Wir wissen, wer Sie sind. Sie gehören zu einer großen kapitalistischen Familie in Schweden.‘ R. W. wurde der Spionage beschuldigt. Das Verhör dauerte eine bis eineinhalb Stunden.

In dem Monat, den wir zusammen verbrachten, war er in recht guter Stimmung."

Karl Supprian: „Als ich das erste Mal hörte, dass ein schwedischer Diplomat im Gefängnis war, war ich so überrascht, dass ich Roedel bat, mir das noch einmal zu bestätigen, damit kein Missverständnis entstünde. Roedel wiederholte seine Information. Normalerweise klopfte ich direkt an Roedel, aber manchmal auch an R. W."

Ernst Wallenstein: „Durch dieses Klopfen erfuhr ich, dass R. W. einen Diplomatenpass besaß und dass er von der schwedischen Regierung nach Budapest gesandt worden war, um den Juden zu helfen. R. W. wurde wegen Spionageverdacht verhaftet, weil er sich in einem von den Russen besetzten Stadtteil aufgehalten hatte."

Heinz-Helmut von Hinckeldey: „Ich hatte auch direkten Kontakt zu R. W. Wir klopften unsere Unterhaltungen auf Deutsch. Auf diese Weise tauschten wir zum Beispiel Adressen aus und Wallenberg sagte, dass die Familienbank der Wallenbergs in Stockholm als seine Adresse genüge."

Willi Bergemann: „R. W. war ein sehr eifriger Klopfer. Er sprach und klopfte fließend Deutsch. Er rief uns, indem er fünfmal hintereinander klopfte. In dieser Zeit erfuhr ich, dass R. W. am 13. Januar 1945 zum russischen Hauptquartier gegangen war, um mit den Russen zu verhandeln ... Bei dieser Gelegenheit wurde R. W. verhaftet und unter Spionageverdacht nach Moskau geschickt. Während R. W. in Zelle 203 war, fragte er den Kommissar wiederholt, was mit ihm geschehen würde."

Bernhard Rensinghoff: „Der Kontakt zwischen mir und den beiden in der Zelle über mir wurde sehr lebhaft. Wir tauschten täglich Nachrichten aus. Roedel und R. W. waren beide eifrige Klopfer. Auf diese Weise erzählte mir R. W. über seine Aktivitäten in Budapest und über seine Verhaftung. Als seine Adresse gab R. W. Stockholm an. Unser Zellengenosse Josias von Rantzau erzählte uns von den Wallenbergs, die er aus seiner Zeit in Stockholm kannte. Unsere erste Unterhaltung drehte sich fast ausschließlich um den Entwurf eines französischen Briefes. In diesem Brief verwies R. W. auf seinen Diplomatenstatus und bat darum, dass sein Fall untersucht würde. R. W. hat diesen Brief im Sommer 1946 an Stalin geschickt, mit der Bitte, Kontakt mit der schwedischen Gesandtschaft in Moskau aufnehmen zu dürfen. Wegen der französischen Wortwahl fragte er unter anderem auch Rantzau um Rat. Nach einiger Zeit erhielt R. W. eine Bestätigung, dass sein Brief weitergeleitet worden war."

Ernst Wallenstein: „Ich erinnere mich noch sehr gut daran, wie R. W. eine Protestnote wegen seiner Gefangenschaft schreiben wollte und sich nicht sicher war, an wen er sie richten sollte. Durch Klopfen einigten wir uns, dass es das Beste sein würde, sie direkt an Stalin zu schicken, und dass sie auf Französisch abgefasst sein sollte. Ich schlug vor, Stalin mit ‚Monsieur le Président' anzureden und die höfliche Schlussfloskel ‚Agréez, Monsieur le Président, à l'expression de mes très hautes considérations' zu verwenden. Ich weiß, dass R.W. einen solchen Brief schrieb und ihn durch die Wachen abschicken ließ."

Einzelheiten über die Verhaftung in Budapest wurden durch Erhard Hille bekannt, der mit Vilmos Langfelder in Zelle 105 im Lubjanka-Gefängnis zusammen gesessen hatte. Hille sagt aus: „Nachdem die Russen in die Stadt einmarschiert waren, wollte R. W. mit dem russischen Hauptquartier Kontakt aufnehmen, um Schutz für die Juden zu bekommen. R. W. und Langfelder fuhren allein im Wagen los. Weil in den Straßen noch geschossen wurde, kamen sie nur langsam vorwärts und mussten sich ab und zu in verschiedenen Häusern verstecken. Nach einiger Zeit wurden sie von russischen Soldaten angehalten und gezwungen, den Wagen zu verlassen. Die Reifen wurden zerschnitten. R. W. zeigte ihnen seinen Ausweis und verlangte, zum Hauptkommandanten gebracht zu werden. Stattdessen wurden sie dem NKWD übergeben und einige Zeit in einem provisorischen NKWD-Gefängnis festgehalten. Danach wurden sie von einem Offizier und vier Soldaten nach Moskau gebracht. In Budapest und Moskau sagte man ihnen, dass man sie nicht als Gefangene betrachtete, sondern sie nur in Schutzhaft bringen würde. In Moskau hatte man ihnen unter anderem die Untergrundbahn gezeigt, und sie waren zum Lubjanka-Gefängnis gelaufen. Langfelder hatte R. W. seither nicht wieder gesehen."

Es gab kleine Abweichungen und Unstimmigkeiten in der Angabe von Daten und Uhrzeiten, aber die wesentlichen Aussagen bestätigten eine Tatsache: Wallenberg lebte noch.

Von den ehemaligen Kriegsgefangenen erhielt die schwedische Regierung wichtige Informationen über Wallenbergs Verhaftung und Gefangenschaft in der Sowjetunion. Sie erfuhr auch von den Verhören und der Einzelhaftverhängung am 27. Juli 1947. Sie erkannte, dass die Sowjets ihre Taktik seit jener Nacht geändert hatten. Dieses Datum war bedeutsam und sollte verhindern, dass weitere Informationen über Wallenberg nach außen drangen.

Und was unternahmen die Schweden jetzt, wo sie solche schlagenden Beweise hatten?

Sie stellten durch einen schwedischen Kurier dem sowjetischen Außenministerium eine Note zu. Sie ließen den Kreml wissen, in den Händen der schwedischen Regierung seien „eindeutige Beweise", die bestätigten, dass Wallenberg am Leben und in einem sowjetischen Gefängnis sei.

Die Sowjets blieben stur, aber die Schweden ließen sich nicht abschrecken und rüsteten sich für einen weiteren Anlauf. Dieses Mal schickten sie eine Erklärung des schwedischen Obersten Gerichtshofes. Aber wieder lautete die Antwort: Njet!

Die Aufmerksamkeit der schwedischen Behörden konzentrierte sich inzwischen auf das neue sowjetische Staatsoberhaupt Nikita Chruschtschow. Ostern 1956 brachte Ministerpräsident Tage Erlander den Fall bei einem offiziellen Besuch in Moskau zur Sprache und übergab den Sowjets Kopien der Zeugenaussagen. Die Russen erklärten sich daraufhin bereit, den Fall noch einmal zu „prüfen". Gut drei Monate später, am 14. Juli 1956, teilte der sowjetische Botschafter in Schweden, Rodionow, mit, dass die Ergebnisse der Untersuchung „in Kürze" bekanntgegeben würden.

Mit den Aussagen zuverlässiger Zeugen konfrontiert, die bereit waren, vor einem unabhängigen Tribunal auszusagen, mischten die Sowjets ihre Karten neu. Die Schweden warteten ab. Raouls Eltern wagten wieder zu hoffen.

Moskau – Stockholm, 2. Februar 1957

Keiner war wohl auf die sowjetische Antwort gefasst. Ihre Endgültigkeit war niederschmetternd. In dem Schreiben, das am 6. Februar 1957 von Andrej Gromyko, dem damaligen stellvertretenden Außenminister, übersandt wurde, hieß es: „Bei den Nachforschungen nahmen die Sowjetbehörden auch eine Durchsicht der Lazarett-Karteien in den Gefängnissen vor, und dabei stieß man in der Lubjanka in Moskau auf einen handschriftlichen Bericht, der sich auf Wallenberg beziehen könnte. Er ist an den Minister für Staatssicherheit in der Sowjetunion, Abakumow, gerichtet und von dem damaligen Leiter der Lazarettabteilung in genannter Strafanstalt, A.L. Smolzow, verfasst. In dem Schriftstück heißt es: ‚Hiermit melde ich, dass der Ihnen bekannte Gefangene Walenberg (sic!) heute Nacht, vermutlich infolge eines Myokardinfarkts (Herzinfarkts; d. Übers.), plötzlich in seiner Zelle verstarb. Gemäß der von Ihnen erteilten Instruktion, persönlich über diesen Walenberg zu wachen, bitte ich nunmehr um Anweisung, wer den Auftrag zur Obduktion der Leiche erhalten soll, um die Todesursache zu bestätigen.

17.7.1947, gezeichnet: Smolzow, Chef des Gefängnislazaretts, Oberst im Militärdienst.‘“[32]

Abakumow wie auch Smolzow lebten nicht mehr und es gab angeblich keine weiteren Zeugen. Smolzows Notiz selbst wurde niemals vorgezeigt, nicht einmal eine Fotokopie davon.

Der Zeitpunkt von Wallenbergs „Tod" liegt auffallend dicht an dem Tag, an dem alle Gefangenen, die mit Raoul Kontakt gehabt hatten, verhört und danach in Einzelhaft gebracht worden waren, damit sich keine weiteren Informationen über ihn verbreiten konnten.

Die Schwerfälligkeit, um nicht zu sagen, stümperhafte Weise, mit der die Schweden die Sache angepackt hatten, hatte dem Fall eine neue dramatische Wendung gegeben. Der Kreml hatte seine Akte über Raoul Wallenberg geschlossen. Der Fall war abgeschlossen, Gromyko hatte seine Unterschrift daruntergesetzt.

Die Reaktion des schwedischen Außenministeriums war ernüchternd: Sie beantworteten diese niederschmetternde Auskunft mit einer diplomatischen Note, in der sie die Nachricht „zutiefst bedauerten".

15.
Lebendig begraben

Gulag, 1948 – ?

Raoul Wallenberg war in einer Gefängniszelle im Herzen der Sowjetunion lebendig begraben. Die Gefängnistür war zugefallen, der Schlüssel abgezogen und fortgeworfen. Ein Lebender wurde für tot erklärt. Aber die angebliche Leiche gab keine Ruhe.

Als ausländische Kriegsgefangene in den Westen zurückkehrten, erzählten sie von unerwarteten Begegnungen mit dem verschwundenen Diplomaten. Und es wurde klar: Wallenberg hatte seinen angeblichen Tod im Gefängnis überlebt.

Dr. Menachem Meltzer, ein österreichischer Jude und Arzt, behauptete, im Sommer des Jahres 1948 einen schwedischen Gefangenen in einem Lager namens Khalimer im hohen Norden untersucht zu haben. Auf die Frage, wer er sei, antwortete der Schwede: „Mein Name ist Raoul."

Irgendwann war Wallenberg ins Gefängnis von Wladimir in der Nähe von Moskau verlegt worden und wieder wurde er gesehen. Ein gefangener Schweizer namens *Brugger* kehrte nach Hause zurück und berichtete, dass 1954 seine Zelle in Wladimir neben der des vermissten Diplomaten gelegen hatte. Bei ihrer ersten Verständigung hatte Bruggers Nachbar sich mit Klopfzeichen vorgestellt: „Wallenberg, Erster Sekretär, schwedische Gesandtschaft Budapest, gefangen genommen 1945." Wallenberg bat Brugger, falls er freikäme, sich an irgendeine schwedische Botschaft zu wenden und von seinem Fall zu berichten. Er sagte ihm auch, dass er keine Briefe schreiben oder Post empfangen dürfe. Wie Wallenberg war auch Brugger nie vor Gericht gestellt oder verurteilt worden.

Viele Jahre später berichtete auch *Abraham Kalinski,* dass er durch den jüdischen Autor David Wendrowskij, der die Zelle in Wladimir mit Wallenberg geteilt hatte, von Wallenberg gehört hatte. Das sei 1951 gewesen. Wallenberg hatte von seiner Verhaftung in Budapest gesprochen und gesagt, dass er der Spionage beschuldigt werde. Zwei Jahre später sah Kalinski Wallenberg beim Ausgang im Gefängnishof, und im Januar 1955 reiste er bei einer Gefangenenverlegung im selben Zug wie Wallenberg. – Kalinski teilte 1956 eine Zelle mit Simon Gogoberidse, einem georgischen Sozialdemokraten, der vom KGB aus Paris entführt worden war. Gogoberidse erzählte Kalinski, dass er eine Zelle mit Wallenberg geteilt hatte, der nur mit Gefangenen zusammengesteckt wurde, die wie er selbst sehr lange Strafen zu verbüßen hatten. – 1959 schrieb Kalinski auf einer Postkarte an seine Schwester in Haifa: „Habe einen Schweden getroffen, der die Juden in Rumänien gerettet hat." (Er verwechselte Ungarn und Rumänien.) – Kalinski, inzwischen im Westen, gibt an, dass Wallenberg in Zelle 23 des Gefängnisses von Wladimir in Einzelhaft gehalten wurde.

Im Gefängnis von Wladimir traf Wallenberg auch einen *Österreicher,* dessen Name wegen möglicher Vergeltungsmaßnahmen hier nicht genannt werden kann. Dieser Mann unterhielt sich ausgiebig mit Wallenberg und erfuhr von ihm, dass er Jahre in Einzelhaft verbracht hatte. Als sie sich trennen mussten, bat Wallenberg den Österreicher dringend, sich mit irgendeiner schwedischen Vertretung in Verbindung zu setzen, sobald er freigelassen würde. Wallenberg sagte:

„Wenn Sie meinen Namen vergessen, dann sagen Sie einfach: ein Schwede aus Budapest, und man wird schon wissen,
wen Sie meinen." Der Österreicher wurde am nächsten Tag
weggebracht, und man warnte ihn, er solle nicht über seine
Begegnung mit Wallenberg sprechen, wenn er nicht den Rest
seines Lebens hinter Gittern verbringen wolle.

Moskau 1961

In den 1960er-Jahren stand das Rätsel Wallenberg am dich-
testen vor seiner Auflösung. Es geschah ganz unerwartet.
Professor Nanna Svartz, eine anerkannte Ärztin und enge Bekannte der Familie von Dardel, traf am 27. Januar 1961 auf
einem medizinischen Kongress in Moskau mit einem Kollegen, Professor Alexander Mjasnikow, zusammen. Wie üblich unterhielten sie sich auf Deutsch, der Sprache, die beide
beherrschten.

Im Laufe des Gesprächs erzählte Professor Svartz von ihrem Interesse an Raoul Wallenberg und fragte den russischen
Professor, ob er etwas über diesen Fall wisse. Ihre kühnsten
Hoffnungen wurden übertroffen, als der Professor antwortete, dieser Fall sei ihm wohlbekannt. Mit gedämpfter Stimme
verriet Mjasnikow, dass er Wallenberg, der zurzeit in einer
psychiatrischen Anstalt sei, persönlich untersucht habe.

Diese Neuigkeit wurde an den schwedischen Ministerpräsidenten weitergeleitet, der Chruschtschow im folgenden
Monat einen persönlichen Brief sandte, in dem er diese neue
Entwicklung des Falles darstellte. Im März 1961 reiste Professor Svartz erneut nach Moskau, wo sie zu ihrer Überraschung
von Mjasnikow heftig zurückgewiesen wurde. Als Berater

von Chruschtschows persönlichem Arzt hatte Mjasnikow eine führende Position in der Kreml-Hierarchie innegehabt. Er sagte, dass er nach dem Eintreffen von Erlanders Brief in Chruschtschows Büro gerufen wurde.

Der sowjetische Ministerpräsident war wütend; er schlug mit der Faust auf den Schreibtisch und verfluchte Mjasnikow, weil er von Wallenberg gesprochen hatte; schließlich befahl er dem Professor, das Büro zu verlassen. Mjasnikow weigerte sich nun, irgendeine Information über Wallenberg zu geben.

Zwei Jahre später, 1963, hatte der ehemalige britische Geheimagent *Greville Wynne* eine außergewöhnliche Begegnung im Lubjanka-Gefängnis in Moskau. Eines Tages, als er in dem winzigen, käfigartigen Aufzug zur Bewegung aufs Dach gebracht wurde, hörte Wynne, wie ein anderer Käfig in den nebenan liegenden abgetrennten Bereich fuhr. Als sich die Tür öffnete, rief eine Stimme: „Taxi!" Angesichts des verdreckten Zustands der Aufzüge fand Wynne diesen Ausdruck von trotzigem Humor sehr sympathisch. Als fünf Tage später das Gleiche wieder passierte, rief Wynne: „Bist du Amerikaner?" Die Stimme antwortete: „Nein, ich bin Schwede." Bevor sie weitere Informationen austauschen konnten, wurden die beiden Gefangenen von den Wächtern zum Schweigen gebracht.

Als Wallenbergs Geschichte 1980 in den USA in die Schlagzeilen kam, fühlte sich Professor *Marvin Makinen,* ein Physiker an der Universität Chicago, an seine eigenen Erfahrungen im Gefängnis von Wladimir erinnert. Makinen war als Spion in Kiew verhaftet worden und hatte zwischen 1961 und 1964 drei Jahre von einem auf acht Jahre lautenden Urteil in sowjetischen Gefängnissen abgesessen. Er war zur gleichen Zeit in Wladimir im Gefängnis wie Francis Gary Powers, der nach dem Abschuss seines U-2-Spionageflugzeugs durch die Sowjets gefangen genommen worden war. Powers wurde 1962 gegen den sowjetischen Agenten Rudolf Abel ausgetauscht, und Makinen wurde in seine Zelle in Wladimir gebracht, wo er Zygurd Kruminsch als Zellengenossen „erbte". Makinen misstraute Kruminsch und hielt ihn für einen KGB-Informanten. Später sagte ein Mitgefangener von Kruminsch: „Er muss immer mit den Ausländern sitzen – mit dir, mit Powers und mit dem Schweden van den Berg."

Als Makinen 1964 ausgetauscht wurde, musste er in Washington berichten und erzählte seine Geschichte von Kruminsch und dem Schweden. Er wurde gebeten, sie in der schwedischen Botschaft in Washington zu wiederholen, was er auch tat. Ein Jahr später sollte er seine Geschichte zwei Vertretern der schwedischen Botschaft erzählen. Nachdem er geendet hatte, bat man ihn, diese Geschichte niemandem gegenüber mehr zu erwähnen.

Als Makinen durch die Medien von Wallenberg erfuhr, wurde ihm bewusst, dass „der Schwede van den Berg" möglicherweise „Wallenberg" war. Makinen rief Wallenbergs Familie in Schweden an und berichtete ihnen von seinem Erlebnis. Zu seiner Überraschung hatte die schwedische Botschaft diese Information nie weitergegeben.

1973 machte *Chaim Moschinsky* von seiner Heimat in Israel aus eine eidesstattliche Aussage vor einem Untersuchungsausschuss des Repräsentantenhauses in Washington. Darin behauptete er, Wallenberg 1962 in einem berüchtigten Lager auf der Wrangelinsel gesehen zu haben. Moschinsky beschrieb Wallenberg als einen „gut aussehenden, gebildeten Mann".

Auch andere berichteten davon, Wallenberg auf der Wrangelinsel gesehen zu haben, einem kleinen Stück vereisten Bodens im Nordpolarmeer. Es wurde berichtet, dass es dort Lager für Geheimagenten gab und Straflager für Gefangene mit langen Haftstrafen. Man hörte auch von Gerüchten, dass dort Experimente an Menschen durchgeführt wurden.

1971 schoss ein italienischer Jäger eine Gans, an deren Bein er einen Gummischlauch fand, der ein Stückchen Papier enthielt. Die Schrift war verblasst und kaum mehr zu entziffern. Die Botschaft lautete: „... SOS ... italienische Offiziere ... Insel hinter dem Polarkreis."

Ein in Ungarn geborener Gefangener gab an, Wallenberg in einem Lager für Ausländer bei Irkutsk, in der Nähe des Baikalsees, gesehen zu haben. Wallenberg erzählte dem Ungarn angeblich, er sei gerade von der Wrangelinsel dorthin gebracht worden. Anscheinend wohnte Wallenberg mit Alexander Truschnowitsch, dem Leiter der russischen Emigrantenorganisation NTS, der in Berlin entführt worden war, in einer Holzhütte mit zwei Räumen zusammen. Das Essen wurde ihnen von einem Italiener namens Pelgrini gebracht, den Wallenberg darauf ansprach, ob er Informationen aus dem Lager schmuggeln könne.

Auch in den 1970er-Jahren können die Spuren von Wallenbergs Reise noch verfolgt werden.

Simon Wiesenthal, ein erfahrener Nazi-Jäger, interessierte sich nach einer Bitte von Wallenbergs Mutter persönlich für den Fall. Wiesenthal förderte den Bericht von General Kuprianow zutage, der in einem sowjetischen Gefängnis gewesen war und Wallenberg in der Zeit von 1953 bis 1956 gesehen hatte.

Als die Nachricht von Kuprianows Treffen mit Wallenberg 1979 durchsickerte und in einer russischen Emigrantenzeitung erschien, wurde der russische General vom KGB verhört und man verlangte von ihm, den „amerikanischen Provokationen" entgegenzutreten. General Kuprianow hatte offensichtlich Angst vor weiteren Verhören. Es wird berichtet, dass er sagte: „Ich weiß nicht, ob ich dieses Verhör schaffen werde."

Der KGB holte Kuprianow wieder ab, und fünf Tage später wurde seiner Frau mitgeteilt, er sei an einem Herzanfall gestorben. Während sie im Untersuchungsgefängnis war und seinen Leichnam zurückforderte, wurde ihre Wohnung durchsucht, und alle Papiere und Dokumente des Generals wurden gestohlen.

Ein Zeuge verschwand, ein anderer tauchte auf.

Jan Kaplan, ein ehemaliger Verwalter eines Opernstudios in Moskau, wurde 1977 aus dem Gefängnis entlassen. Eine seiner ersten Handlungen als freier Mann war, seine Tochter Anna Bilder in Jaffa in Israel anzurufen. Als sie ihn über das Gefängnisleben befragte, sagte Kaplan seiner Tochter, die Lebensbedingungen seien nicht allzu hart. Er erklärte am Telefon: „Denk dir, als ich 1975 im Butyrka-Gefängniskrankenhaus war, traf ich einen Schweden, der mir erzählte, er sei schon seit dreißig Jahren in sowjetischen Gefängnissen, und ich fand, er sah noch ziemlich gesund aus."

War das nur eine nebensächliche Bemerkung an seine Tochter oder versuchte Kaplan, eine geheime Botschaft über Wallenberg weiterzugeben?

Anna Bilder war sich nicht bewusst, wie wichtig dieser Satz ihres Vater war, aber schließlich erzählte sie ihre Geschichte dem schwedischen Außenministerium, und als Folge davon befasste sich Schweden wieder offiziell mit dem Fall Wallenberg – 1979. Am 3. Januar 1979 wurde eine neue Anfrage an die Sowjets geschickt.

Einen Monat nach der schwedischen Note, am 3. Februar 1979, wurde die Wohnung der Kaplans in Moskau durchsucht, und Jan Kaplan wurde wieder verhaftet. Er war damals 66 Jahre alt. In Israel erhielt Anna Bilder drei anonyme Anrufe (zwei davon auf Russisch), in denen sie gewarnt wurde, ihrem Vater zuliebe nicht wieder über Wallenberg zu sprechen.

Im Juni des gleichen Jahres teilte Annas Mutter, Eugenia Kaplan, ihr in einem Brief mit, dass Jan verhaftet worden war, weil er versucht hatte, einen Brief über Wallenberg ins Ausland zu schmuggeln.

Als Eugenia ihren Mann im Lubjanka-Gefängnis besuchte, sagte der KGB-Oberst, der die Untersuchung leitete, zu ihr, das Schicksal Jan Kaplans hänge vom Verhalten seiner Tochter ab.

Ein junger sowjetischer jüdischer Einwanderer nach Israel erzählte eine interessante Begebenheit. Er wünschte, ungenannt zu bleiben, weil seine Familie noch in der UdSSR lebte. Der junge Russe hatte nie von Wallenberg gehört, bis er sich in Israel niederließ und dort von dem verschwundenen Helden erfuhr. Da wandte er sich sofort an die schwedische Botschaft in Israel und erzählte von einer Party im Moskauer Haus eines älteren KGB-Offiziers am 1. Mai 1978: „Es wurde viel Wodka getrunken und die jüngeren Männer auf der Party kamen auf Dissidenten zu sprechen und was sie im Gefängnis wohl durchmachen müssten. Der KGB-Offizier sagte: ‚Glauben Sie das nur nicht; die Zustände sind heute nicht mehr so schlimm wie früher. Man kann sehr alt werden im Gefängnis. Stellen Sie sich vor, in der Lubjanka habe ich einen Schweden unter mir, der schon über dreißig Jahre sitzt!'"

16.
Unbeantwortete Fragen

Warum hielten die Sowjets Raoul Wallenberg
so lange gefangen?

Dr. Gideon Hausner, Chefankläger im Eichmann-Prozess und später Vorsitzender von Yad Vashem, der Holocaust-Gedenkstätte in Israel, meinte dazu: „Die Sowjets konnten es einfach nicht glauben, dass ein schwedischer Diplomat sich monatelang der Aufgabe widmen würde, Juden zu retten. Ihnen muss es wie eine sehr dumme und fadenscheinige Ausrede zur Verheimlichung anderer Aktivitäten vorgekommen sein."

Wahrscheinlich hielt man Wallenberg wirklich für einen Spion. Natürlich war er eine recht merkwürdige Erscheinung in den Ruinen von Budapest, ein Mann mit Säcken voller Geld und Wertgegenständen, gefälschten Dokumenten, Hunderten von Pässen, Kontakten zur Unterwelt und Eifer im Bestechen von Beamten. Er verkehrte mit Nazis und faschistischen Pfeilkreuzlern und hatte Verbindungen zum Schwarzmarkt. Die gefälschten schwedischen Pässe, die seine Unterschrift trugen, tauchten überall auf. Wie hätten die Sowjets seine Mission nachvollziehen können?

Iver Olsen, der den Kriegsflüchtlingsrat („War Refugee Board") in Stockholm vertrat und der für die Ernennung Wallenbergs verantwortlich war, hatte Verbindungen zum amerikanischen „Office of Strategie Services", von dem behauptet wurde, es sei der Vorläufer der CIA. Falls Wallenberg bei einem Verhör seine Verbindung zu den USA erklärt und gesagt hatte, er arbeite für den Kriegsflüchtlingsrat, könnte der sowjetische Geheimdienst diese Verbindung entschlüsselt haben. Und wenn Wallenberg irgendwie vom „Office of Strategie Services" unterstützt wurde, dann musste er natürlich ein Spion sein …

Die Rolle des NKWD ist auf jeden Fall maßgeblich. Es führte die Gefangennahme durch, verhinderte aber, dass sie sofort als solche durchschaut wurde. Wallenberg machte sich zwar Sorgen, aber er wollte immer das Beste glauben. Als er auf dem Weg nach Debrecen seine Büros besuchte, wusste er, dass nicht alles in Ordnung war. „Ich weiß nicht, ob ich als ihr Gefangener oder als ihr Gast nach Debrecen gehe", hatte er in Bezug auf seine sowjetische Eskorte gesagt.

Das NKWD war wie ein Staat im Staat. Gut möglich, dass es auf einen Sonderbefehl hin handelte. Für den Haftbefehl verantwortlich war der damalige stellvertretende Verteidigungsminister Nikolaj Bulganin. So schrieb jener am 17. Januar 1945 an den Kommandanten der zweiten ukrainischen Front und an den Genossen Abakumow: „Der im östlichen Teil Budapests in der Benczúrstraße entdeckte Wallenberg ist zu verhaften und nach Moskau zu bringen. Die Spionageabwehr *Smersch* hat entsprechende Anweisung erhalten. Es sind alle zur Erledigung der Aufgabe erforderlichen Mittel bereitzustellen. Die Zeit des Abtransports nach Moskau sowie der Familienname des dienstältesten Begleitoffiziers sind mitzuteilen. Stellvertretender Verteidigungsminister Armeegeneral Bulganin."[33]

Was mit großer Sicherheit gesagt werden kann, ist, dass

die Russen Wallenberg wirklich der Spionage verdächtigten. Einige Zeugen, die über ihr Verhältnis zu Wallenberg verhört wurden, bestätigten das.

Lars Berg und Göte Carlsson, beide Diplomaten der schwedischen Gesandtschaft in Ungarn, die auch bei Wallenbergs Abendessen mit Eichmann dabei gewesen waren, wurden bei ihrem Verhör durch das NKWD ebenfalls der Spionage beschuldigt. Als die Schweden ihre Mission erklärten und Wallenbergs Rolle in Ungarn bestätigten, weigerten sich die NKWD-Offiziere rundweg, ihnen zu glauben. Die Sowjets nahmen an, dass entweder Wallenberg oder Berg die deutsche Spionagetätigkeit gegen die Sowjets geleitet hätten.

Viele andere Kollegen von Wallenberg wurden ebenfalls verhört und der Spionage beschuldigt. Jeder wurde über Wallenbergs Rolle in Ungarn ausgefragt.

Paul Hegedus wurde im Februar 1945 intensiv verhört. Der NKWD-Offizier, der das Verhör leitete, schrie: „Wir wissen, dass die gesamte schwedische Gesandtschaft hier in Ungarn spioniert hat!" Als Hegedus wiederholte, dass Wallenbergs Aufgabe in Ungarn ganz einfach nur die Rettung von Juden gewesen war, brüllte der sowjetische Offizier vor Lachen.

Waldemar Langlet, der Vertreter des Schwedischen Roten Kreuzes in Budapest, und seine Frau, die beide mit Wallenberg zusammengearbeitet hatten, wurden ebenfalls vom NKWD zur Befragung festgehalten. Dabei versuchten die Sowjets wieder, eine geheime Verschwörung aufzudecken, an der der „Faschist Wallenberg" beteiligt gewesen sein sollte.

Wallenbergs Kollegen Lars Berg und Per Anger sprechen beide von der „Spionage-Drohung". Berg wurde in Haft genommen und verhört. Die Sowjets wollten nicht glauben, dass solche Bemühungen um Menschlichkeit wie die Unterstützung der Juden zu den Aufgaben der schwedischen Gesandtschaft gehört haben könnten. Berg wurde auch der Dokumentenfälschung für Nicht-Juden beschuldigt. Er wurde wiederholt gefragt: „Warum sollten Berg und Wallenberg, Christen aus einem neutralen Land, ihr Leben für die Juden aufs Spiel setzen?"

Berg sagte zu Mitarbeitern des BBC-Fernsehens: „Ich glaube, Wallenberg hat ihnen gesagt, er sei nicht nur ein schwedischer Diplomat, sondern von Präsident Roosevelt selbst gesandt. Er verwendete amerikanische Gelder, um Juden zu retten. Darin liegt meiner Meinung nach der Grund für sein Verschwinden. Zu jenem Zeitpunkt war es ratsam, nichts davon zu sagen, dass man für die Amerikaner arbeitete."

Per Anger war sichtlich enttäuscht, dass seine eigene Regierung nicht mehr für Wallenberg unternahm. Er sagte der BBC: „Den Sowjets muss man etwas anbieten." Die Schweden hatten nach dem Krieg sowjetische Spione, erklärte er, aber sie wurden ausgewiesen. „Wir hätten sie im Gefängnis festhalten können, bis wir Wallenberg zurückbekommen hätten, aber ... im schwedischen Wortschatz war diese Art zu handeln nicht enthalten."

Den Sowjets musste zu der Zeit die gleichgültige Haltung Schwedens angesichts Wallenbergs Gefangenschaft verdächtig vorgekommen sein. Wenn er die Wahrheit sprach, warum ließ ihn dann sein eigenes Volk im Stich? Wallenberg muss sich das immer wieder gefragt haben: Warum?

Die, von denen man den größten Einsatz erwartet hätte, taten am wenigsten. Die diplomatischen Bemühungen für ihn zeichneten sich nur dadurch aus, dass sie unpassend, teilnahmslos und schwerfällig waren. Bis zum Erscheinen dieses Buches (London 1986) hat es noch keinen konzentrierten, überzeugenden und gemeinsamen Versuch gegeben, Wallenbergs Freilassung zu erreichen.

Der Fall Wallenberg leidet auch an einem tragischen Mangel öffentlichen Bewusstseins. Dreißig Jahre lang war der Name Wallenberg nur in vier Staaten ein Begriff: in Schweden, wo sein Fall natürlich berühmt ist, in Ungarn, in Israel und in der Sowjetunion.

Die Sowjets deuteten verschiedentlich an, dass sie zu Verhandlungen über einen Austausch bereit wären, aber die Schweden widersetzten sich diesem Gedanken, bis es zu spät war. Das Schlimmste daran war, dass die Sowjets vielleicht einen Austausch erwarteten, und als nichts in dieser Richtung geschah, in ihrem anfänglichen Spionageverdacht bestätigt wurden.

In den ersten zwanzig Jahren von Wallenbergs Gefangenschaft verhandelten wie erwähnt mehrere andere Länder erfolgreich mit den Sowjets und erreichten die Freilassung ihrer Landsleute. Genau diese Kriegsgefangenen brachten Nachricht über den einen, der zurückgeblieben war.

Im Oktober 1981 drängte das schwedische Wallenberg-Komitee, ein sowjetisches U-Boot festzuhalten, das in schwedischen Hoheitsgewässern aufgelaufen war. Der damalige schwedische Außenminister Ullsten nannte die Möglichkeit eines Austauschs – das U-Boot gegen Wallenberg – einen „unethischen Akt".

Die Sowjets hatten nicht vergessen, welche Rolle Schweden im Zweiten Weltkrieg gespielt hatte. In ihren Augen hatte Schweden durch die unerlässlichen Erzlieferungen, die weiterhin nach Deutschland exportiert worden waren, den Krieg verlängert – so hatten sowjetische Offiziere es dem schwedischen Gesandten Danielsson in Ungarn vorgeworfen. Und wer war an der Organisation des Handels beteiligt gewesen? Die Wallenberg-Dynastie!

Und was geschah mit den hohen Geldsummen und den Wertgegenständen, die Wallenberg bei seiner Verhaftung bei sich gehabt hatte? Es gibt keinen Hinweis darauf, dass die schwedische Regierung von den Sowjets jemals eine Erklärung über ihren Verbleib verlangt hätte. Laut der ersten Aussage der Sowjets stand Wallenberg ja auch unter sowjetischem Schutz.

Wallenbergs Name hat vielleicht die Amerikaner beeindruckt, die ihn für die Aufgabe in Budapest auswählten, aber bei den Verhören des KGB hatte der Name Wallenberg verheerende Auswirkungen. Die Bank der Wallenbergs, die Wallenbergs Cousins Marcus und Jacob unterstand, spielte eine wichtige Rolle während des Krieges, und das nicht immer zum Vorteil der Sowjets. Nach dem Krieg schlossen sich Marcus und Jacob offenbar einer Geheimabsprache mit den USA an, den Handel mit der UdSSR zu blockieren.

Wie bereits erwähnt, wurde Wallenberg bei seinem ersten Verhör im Lubjanka-Gefängnis dann auch mit den Worten begrüßt: „Ach ja, Herr Wallenberg. Wir wissen alles über Sie. Sie gehören zu einer großen kapitalistischen Familie in Schweden."

Bis auf ein paar Gesten tat die Wallenberg-Dynastie herzlich wenig, um ihrem Cousin zu helfen. Einem Fernsehteam von der BBC wurde 1979 das Betreten der Bank verweigert, als es dort filmen wollte. Die Aufnahmen wären für einen Dokumentarfilm über Raoul Wallenberg gewesen, wahrscheinlich das erste internationale Porträt dieses ungewöhnlichen Helden.

Wie der schwedische Wirtschaftswissenschaftler Gunnar

Adler-Karlsson in einem Buch über den Wirtschaftskrieg zwischen Ost und West behauptet[34], sollen die USA 1945 herausgefunden haben, dass die Enskilda-Bank (die Bank der Wallenbergs) mit dem Robert-Bosch-Konzern (nach Meinung einiger Forscher auch mit der berüchtigten I.G. Farben) im Krieg gewisse finanzielle Transaktionen getätigt hatte. Die USA hätten daraufhin das Vermögen der Wallenbergs und der Enskilda-Bank in den USA gesperrt. Schließlich sei das Vermögen durch die Vermittlung der schwedischen Regierung wieder freigegeben worden, und dafür hätten die Wallenbergs sich bereit erklärt, die schwedischen Kredite an die Sowjetunion zu sabotieren und sich dem amerikanischen Embargo gegen Moskau anzuschließen.

Wenn es tatsächlich stimmt, dass eine derartige antisowjetische Handelspolitik von den USA gesteuert und in Schweden von den Wallenbergs durchgeführt wurde, waren die Russen verständlicherweise aufgebracht über diese geheime Absprache. Und als sie entdeckten, dass sich ein Mitglied der Wallenberg-Familie bei ihnen in Haft befand und sich der „Gastfreundschaft" des Staates erfreute, schlugen sie zu ...

Was diese Theorie glaubwürdig erscheinen lässt, ist erstens, dass die Wallenberg-Familie auffallend wenig getan hat, um die Suche nach ihm zu unterstützen, und zweitens, dass es Material in den Archiven gibt, das noch immer als „Geheimsache" vor den Augen der Öffentlichkeit verborgen bleibt.

Könnte Wallenberg ein Spion gewesen sein?

Vermutungen, Wallenberg sollte als sowjetischer Spion angeworben werden, sind rein spekulativ. Hierbei sind die Angaben eines deutschen Soldaten zu beachten, der die Einnahme Budapests durch die Sowjets in einem schwedischen Gesandtschaftsgebäude erlebt und sich zunächst als Tscheche ausgegeben hat. Sein Bericht stammt vom August 1950.

Ende März 1945 gab er bei einem Verhör durch das NKWD an, ihm sei nicht bekannt, dass die Schweden den Deutschen bei der Verteidigung geholfen hätten.

Über Wallenberg sagte er, dass er ihn persönlich nie gesehen hätte und er über Wallenberg nur gehört hätte, dass er den Juden helfen würde.

„Auch unter Drohungen sei er bei seiner Aussage geblieben, selbst dann, als man ihn gefragt habe, wie viel Geld denn Wallenberg von Himmler erhalten habe. Am nächsten Tag habe man ihm dann gesagt, seine Angaben seien korrekt, er habe nichts mehr zu befürchten." Damit wird deutlich, dass die Sowjets Wallenberg mit Himmler und der Gestapo in Verbindung gebracht hatten.

Zurzeit dieses Verhörs war Wallenberg schon in der Sowjetunion[35].

Warum half ihm niemand?

Für die schwedischen Bürokraten war der Fall Wallenberg ein diplomatisches Minenfeld. Der erste tragische Fehler war die Ablehnung amerikanischer Hilfe durch den schwedischen Botschafter Söderblom. Söderbloms merkwürdiges

Treffen mit Stalin trug weiter dazu bei, Wallenbergs Schicksal zu besiegeln. Diese beiden schwerwiegenden Fehler blieben wie erwähnt lange Jahre ein Staatsgeheimnis.

Der marxismusfreundliche Außenminister Östen Undén empfand den Fall als eine peinliche Angelegenheit und wünschte, die Sache würde sich einfach in Luft auflösen. Er war bereit, ja fast begierig, jede sowjetische Antwort als Schlusspunkt unter das ganze Thema zu setzen.

Seltsamerweise zögerten auch andere prominente Schweden, zu helfen. Carl-Fredrik Palmstierna, ein Freund von Wallenbergs Mutter, war von 1951 bis 1973 Privatsekretär bei König Gustav VI. König Gustav ließ verlauten, er stehe hinter Undén. Als Palmstierna 1959 wieder einmal versuchte, das Gespräch auf den Fall Wallenberg zu bringen, wurde der König ärgerlich. „Was soll ich denn Ihrer Meinung nach tun?", fragte der König. „Verlangen Sie, dass wir die russischen Gefängnisse durchkämmen oder wegen Wallenberg den Krieg erklären?"

Palmstierna versuchte 1956 vergeblich, die Hilfe Dag Hammarskjölds zu gewinnen, der damals Generalsekretär der UNO war. Weil er selbst Schwede war, empfand Hammarskjöld es als „schwierig, den Fall eines Landsmannes vor die Russen zu bringen". Aber Palmstierna vermutete, dass, wäre ein Nichtschwede betroffen gewesen, Hammarskjöld sich wahrscheinlich nicht berechtigt gefühlt hätte, sich in die inneren Angelegenheiten anderer Länder einzumischen …

Wallenbergs Mutter wandte sich 1973 an Henry Kissinger. Ein Berater hatte ein vertrauliches Memorandum über das Thema vorbereitet, das auf den 21. August 1973 datiert war. Alles, was noch gebraucht wurde, damit die USA den Fall Wallenberg nach all den Jahren offiziell wiedereröffnen konnten, war die Unterschrift Kissingers. Doch das Dokument wurde nie von Kissinger unterzeichnet.

1981 sagte Kissinger in einem Fernsehinterview: „Ich besprach den Fall Wallenberg privat mit (dem sowjetischen Botschafter in Washington) Dobrynin und erfuhr, dass Wallenberg tot sei."

Es ist klar, dass der sowjetische Botschafter nicht plötzlich der offiziellen sowjetischen Politik widersprechen konnte. Merkwürdigerweise erklärte Kissinger bei einer anderen Gelegenheit, dass er das Memorandum mit der Bitte um Hilfe im Fall Wallenberg nicht unterzeichnet habe, habe einen anderen Grund. Zu Lena Björk-Kaplan, der Vorsitzenden der Ostabteilung des amerikanischen Wallenberg-Befreiungskomitees, sagte er, er habe dieses Papier nie zu Gesicht bekommen; ein untergeordneter Beamter habe es wohl weggetan.

Auf dem Memorandum befindet sich der Vermerk „Von Kissinger abgelehnt, 15.10.1973". Skeptischen Beobachtern ist aufgefallen, dass die Beziehungen zwischen Schweden und den USA 1973 ihren Tiefpunkt erreichten, als der schwedische Ministerpräsident Olof Palme durch seine Kritik am Eingreifen der USA in Vietnam Kissingers Zorn auf sich zog. Es wäre tragisch, wenn die Schweden, indem sie sich gegen die Grausamkeiten in Südostasien aussprachen, völlig ahnungslos die letzte mögliche Hoffnung, Wallenberg zu retten, zerstört hätten.

Im Februar 1945 hatte die sowjetische Botschafterin in Stockholm Wallenbergs Mutter und der Frau des schwedischen Außenministers gesagt, Wallenberg werde zurückkommen und es wäre besser, „kein großes Aufhebens um diese Angelegenheit zu machen". Die Verfechter der stillen Diplomatie hätten wahrscheinlich diesem taktischen Vorgehen zugestimmt. Alles, was mit dem Fall Wallenberg zu tun hatte, wurde denn auch so gut wie totgeschwiegen und geheim gehalten. Weil man diesen Rat immer wieder beherzigte, gingen viele Initiativen verloren, und für Raoul Wallenberg zogen die Jahre ins Land. Die Empörung der Öffentlichkeit konnte nicht zu einer geschlossenen Aktion konzentriert werden.

Schwedische Zeitungen schrieben Jahre später von einem „Verrat".

Heute ist die ungewöhnliche Geschichte Raoul Wallenbergs dank der internationalen Berichterstattung der Medien, in Zeitungsberichten, Büchern und Fernsehdokumentationen über seine Tätigkeit in Ungarn nicht mehr ganz so unbekannt.

Die USA verliehen Raoul Wallenberg 1981 ihre höchste Auszeichnung, indem sie ihn zum Ehrenbürger erklärten. Damit befindet er sich in der erlesenen Gesellschaft von General Lafayette und Winston Churchill.

Doch trotz dieser Anerkennung gab es immer noch keine offizielle Kampagne für seine Freilassung. Weitere Dokumentationen zu seinem Fall sollten 1981 von Schweden freigegeben werden, doch die Veröffentlichung wurde auf unbestimmte Zeit verschoben. Als Amnesty International um Einsicht in das vollständige Wallenberg-Archiv bat, wurde dieser Antrag mit dem Hinweis auf „vertrauliches" Material abgelehnt.

Wallenbergs Mutter weigerte sich, an den Tod ihres Sohnes zu glauben, und setzte sich unermüdlich, wenn auch mit gebrochenem Herzen, für ihn ein. Bis zu ihrem Tod im Jahre 1979 ging sie allen möglichen Spuren nach. Simon Wiesenthal hörte ihren Hilferuf und nahm die Sache in die

Hand. Er entdeckte neues Beweismaterial und erklärte: „Es ist wichtiger, Raoul Wallenberg zu finden, als weitere Naziverbrecher aufzuspüren."

Alexander Solschenizyn besuchte Wallenbergs Mutter 1974, als er in Schweden war. Er ermutigte sie, ihre Bemühungen zur Freilassung ihres Sohnes fortzusetzen. Im „Archipel Gulag" hatte Solschenyzin von einer Begegnung mit einem geheimnisvollen Schweden geschrieben, der eine fantastische Geschichte erzählte. War das Raoul Wallenberg? Eines ist sicher: Es gab nur einen Schweden, der noch in einem sowjetischen Gefängnis saß!

Wie lange könnte Wallenberg noch am Leben gewesen sein?

Es ist nicht ausgeschlossen, dass Raoul Wallenberg noch in den 1990er-Jahren lebte (vgl. Anhang: Raoul-Wallenberg-Komitee Deutschland). Spartanische Verhältnisse haben schon manches Mal ein langes Leben möglich gemacht. Ein japanischer Soldat zum Beispiel lebte jahrelang im dichten philippinischen Dschungel, im Glauben, es sei noch immer Krieg.

Die Nazis richteten ihre Gefangenen hin; in der Sowjetunion wurden sie Opfer der Gefangenenlager des Gulags. Bei seinen Nachforschungen für einen BBC-Dokumentarfilm über Wallenberg traf John Bierman einen russischen Juden namens Leonid Berger, dem nach fünfunddreißig Jahren Haft in Lagern und Gefängnissen 1978 die Ausreise genehmigt worden war. Iwan Stepanow (geboren 1930) hatte seit

1944 über vierzig Jahre in Gefangenschaft verbracht. 1983 reichte der frühere britische Premierminister Jim Callaghan in Moskau ein Gnadengesuch für ihn ein.

Die vielleicht erstaunlichste Überlebensgeschichte hörte man 1985 über einen französischen Kriegsgefangenen, der nach dem Einmarsch der Roten Armee in Polen verschwunden war. Anfang März erlaubten die Russen der französischen Botschaft in Moskau, mit Paul Catrain in Kontakt zu treten, einem Mitglied des 43. französischen Artillerie-Regiments, der fünfundzwanzig Jahre alt gewesen war, als er verschwand. Catrain galt als vermisst; man hielt ihn für tot und sein Name war auf einem Kriegerdenkmal in Bois Les Pargny in der Nähe von Lyon zu finden.

Der französische Soldat war von den siegreichen sowjetischen Truppen zusammen mit vielen anderen ausländischen Soldaten gefangen genommen und in ein Kriegsgefangenenlager in die Sowjetunion gebracht worden. Von dem Moment an hatte er sich auf der tragischen Reise durch den Gulag befunden, auf der ein Lager in Starokonstantinov in der Ukraine eine Station gewesen war.

Paul Catrain schickte immer wieder Briefe an die französischen Behörden, und endlich kam 1980 einer davon an. 1984 schickten die Franzosen acht offizielle Ersuchen an die sowjetische Regierung, den Kontakt mit dem verschollenen Soldaten aufnehmen zu dürfen. Der Fall wurde 1985 vom französischen Außenminister Roland Dumas in Moskau wieder aufgegriffen, und schließlich genehmigten die Sowjets einen konsularischen Besuch.

Patrick Meney, ein französischer Journalist, der den Fall untersucht hat, gab an, seit dem Zweiten Weltkrieg seien 600 Franzosen gegen ihren Willen in Russland festgehalten worden. Andere Quellen berichten bona fide von 23 französischen Familien, die gern repatriiert werden wollten.

Laut russischen Aussagen hatte Paul Catrain alle Hoffnung, in sein Heimatland zurückzukehren, aufgegeben und mit einer Russin in Strikhutski, einem Dorf in der Ukraine, ein neues Zuhause gegründet.

Raoul Wallenberg war also nicht das einzige Opfer der „Befreiung" durch die Rote Armee. Graf Nikolai Tolstoy berichtet, dass die Sowjets nach ihrem Sieg in Rumänien etwa 320 000 rumänische Soldaten gefangen nahmen. Im Februar 1945 gaben die sowjetischen Behörden zu, dass 50 000 von ihnen bereits aus nicht näher bezeichneten Gründen gestorben waren. Laut Tolstoy wurden 180 000 vom unersättlichen Magen des Gulag verschlungen.[36]

Tolstoy schreibt in seinem Buch Stalin's Secret War: „Dann kam Ungarn an die Reihe. An die 600 000 Menschen wurden vom NKWD entführt und verschwanden im Osten. Unter ihnen befanden sich viele ‚befreite' Gefangene von Auschwitz, Buchenwald und Ravensbrück und fast die gesamte ungarische Bevölkerung der Provinz Ruthenien, die eine der (...) Republiken der UdSSR werden sollte."[37]

Die Sowjets versuchten, Wallenberg in Einzelhaft zu halten. Wer ihn sah, wurde gewarnt, nicht von ihm zu sprechen. Er wurde sorgfältig bewacht, um jeden Kontakt zu vermeiden. Aber vom 27. Juli 1947 an änderte sich das sowjetische Vorgehen.

In der Zeit, als man ihn für einen Spion hielt, wurde ihm gesagt, man werde ihn „aus politischen Gründen" nicht vor Gericht stellen. Daraus zogen manche Fachleute, die sich mit dem Fall beschäftigten, den Schluss, dass so berühmte Männer wie Leonid Breschnew darin verwickelt gewesen seien.

Ebenso undurchsichtig und gefährlich war die Beteiligung Andrej Gromykos. Er unterschrieb die Erklärung über Wallenbergs Tod im Juli 1947, hat sich aber immer standhaft geweigert, sich öffentlich dazu zu äußern. Seine Unterschrift auf dem Brief zeigt zwei Dinge: Erstens war es eine Lüge – Wallenberg ist von zahlreichen Zeugen auch noch nach dem angegebenen Datum gesehen worden. Zweitens war es einfacher, einen angeblichen Tod herbeizuzaubern als den „Toten" jetzt plötzlich wieder „auferstehen" zu lassen.

17.
Die Überlebenden kommen zu Wort

Was geschah mit den Überlebenden – den Budapester Juden, die Wallenberg vor den Pforten der Hölle gerettet hatte?

Viele von ihnen hatten angenommen, ihr Retter sei gestorben, aber als seine Geschichte in den späten 1970er-Jahren von den internationalen Medien aufgenommen wurde, gab es eine überwältigende Reaktion. Auf der ganzen Welt tauchten Geschichten über Wallenbergs Mut und seine Heldentaten auf.

Ein Zeitungsartikel in der New York Times gab einen Bericht von Simon Wiesenthals neuestem Zeugen, *Jurij Below,* wieder, der Informationen über Wallenberg besaß. Below war achtzehn Jahre lang in Gefängnissen, psychiatrischen Kliniken und Arbeitslagern gewesen; einmal hatte man ihn sogar für klinisch tot erklärt. Alexander Solschenizyn berichtete, dass Below durch seine Gefangenschaft „von seinem Glauben an Gott geheilt werden sollte".

Below erzählte, Wallenberg sei 1961 im Moskauer Burtyrki-Gefängnis im Hungerstreik gewesen und dann in eine psychiatrische Klinik verlegt worden. (Dies bestätigt die Geschichte von Professor Svartz in Bezug auf den Zeitpunkt.)

Der Artikel in der New York Times erreichte ein amerikanisches Ehepaar, *Annette und Tom Lantos.* Sie waren beide ungarische Juden, die von Wallenberg gerettet worden waren. Als es Tom gelang, als demokratischer Abgeordneter in den amerikanischen Kongress zu kommen, brachte er die

Gesetzesvorlage ein, durch die Wallenberg ein Ehrenbürger der USA wurde.

Auch in Australien wurde eine Familie von Wallenbergs Geschichte berührt. *Erwin und Mary Forrester* waren 1950 nach Australien ausgewandert und hatten beschlossen, die Vergangenheit hinter sich zu lassen. Sie sprachen nie über ihre Erlebnisse. „Es ist so schwierig, mit Leuten, die nie etwas Ähnliches durchgemacht haben, über Kriegserfahrungen zu sprechen", erklärte Mary Forrester. „Wenn ich davon erzählte, was wir in Europa durchgemacht hatten, sagte mir der australische Nachbar, wie schwierig für ihn die Zeit gewesen war, als die Butter rationiert wurde."

Erwin Forrester ist einer der auf 600 geschätzten Australier, die von Wallenberg in Ungarn gerettet worden waren, und als er 1979 erfuhr, dass Raoul den Krieg überlebt hatte, fing er an, freier über seine eigene Vergangenheit zu sprechen.[38] Erwin Forrester war neunzehn Jahre alt, als er 1944 auf dem Transport zu einem Konzentrationslager fliehen konnte. Er wurde wieder gefasst und zum Tode verurteilt, aber er hörte davon, dass die schwedische Botschaft Pässe an die Juden verteilte. Er behauptete, einen solchen Pass besessen zu haben, der ihm jedoch abgenommen worden sei. Um seine Angaben zu prüfen, riefen die Wächter das schwedische Büro an und wurden mit Raoul Wallenberg verbunden. Wallenberg ließ sich von den Nazis zuerst alle Einzelheiten über Forrester geben, um seine Unterlagen daraufhin durchzusehen. Mit den so erhaltenen Informationen schrieb er einen offiziellen Schutzpass auf den Namen Erwin Forrester aus, und eine Stunde später war dieser auf freiem Fuß.

1983 trat eine weitere Überlebende an die Öffentlichkeit. Siebenunddreißig Jahre lang hatte *Dr. Vera Godkin,* eine spätere Professorin für Französisch und Englisch in den USA, ihre Kindheit geheim gehalten. Als zwölfjähriges Mädchen war sie gefangen gewesen und dem Tod dank des Eingreifens von Raoul Wallenberg entkommen.

Als seine Geschichte in den USA Schlagzeilen machte, wusste Prof. Godkin, dass die Zeit gekommen war, sein Andenken zu ehren und zu sprechen. „Seit ich 1983 begann, von meinen Erfahrungen zu berichten, merkte ich, dass mein Leben nie mehr dasselbe sein würde. Die Vergangenheit ist mir wieder greifbar nahe gekommen."[39]

1944 waren die zwölfjährige Vera und ihre Mutter in Budapest gefangen genommen worden, als Wallenberg den Gefängniskommandanten daran „erinnerte", dass laut Gesetz keine Personen unter vierzehn Jahren eingesperrt werden durften. Der Kommandant war gezwungen, alle Mütter mit Kindern zu fragen, ob sie ihre Kinder freilassen sollten. Nur Veras Mutter ließ ihr Kind gehen.

Vera wurde anschließend zu den anderen von Wallenberg geretteten Kindern in ein schwedisches Schutzhaus gebracht. Drei Wochen später bekam sie einen schlimmen Scharlachanfall und wurde in das Krankenhaus für ansteckende Krankheiten in Budapest überwiesen. Vera berichtete: „Während ich dort war, überfiel die ungarische SS das Kinderheim und entführte und tötete alle Kinder, die sich dort aufhielten."

Inzwischen befand sich Veras Mutter nicht mehr im Gefängnis, sondern in einem versiegelten Viehwaggon in einem Zug, der nach Auschwitz gehen sollte. Unter irgendeinem Vorwand wurde der Zug aufgehalten. Die Wachen suchten nach einem bestimmten Gefangenen. Veras Vater nutzte diese Verzögerung und steckte seiner Frau ein Fläschchen Gift zu, das sie einnahm.

„Sie wurde bewusstlos, und man brachte sie auf einer Trage zu einer provisorischen Krankenstation. Aus Verärgerung über die Verspätung des Zuges beschlossen die deutschen Soldaten, alle Juden auszuladen und hiernach direkt zu erschießen", erzählt Vera.

Irgendwie gelang Veras Vater die Flucht zur schwedischen Botschaft in Budapest. Dort traf er Raoul Wallenberg und erhielt von ihm den Schutzpass. Vera berichtete weiter: „Dieser Pass stellte ihn unter den Schutz der schwedischen Krone und gewährte ihm die Möglichkeit, mit seiner Familie in einem von Wallenbergs Schutzhäusern zu wohnen. Angestellte der Botschaft wussten, dass ich in einem Waisenhaus war, und so erfuhr mein Vater schließlich, dass seine einzige Tochter am Leben war. Meine Mutter, mein Vater und ich wurden zusammengeführt und verbrachten die letzten sechs Wochen der Belagerung Budapests in einem Schutzhaus."

Veronika László, damals in Budapest noch ein Teenager, lebte später im Staat New York. Auch sie wurde von den Erinnerungen an den Helden des Holocaust aufgerüttelt. Veronikas Familie hatte eines der größten Elektrizitätswerke in Ungarn besessen. Der Vater wurde verhaftet und war kurz darauf verschwunden. Wallenberg rettete ihn. Veronika erinnerte sich: „Wallenberg suchte nach ihm, und mein Vater wurde gefunden – wie ein Tier hatte man ihn (zu den Todeslagern) geführt."

Veronika und ihre Familie suchten in einem schwedischen Schutzhaus Zuflucht und erlebten mit, wie Pfeilkreuzler es überfielen. Sie erzählte: „Mein Onkel und Wallenberg sprachen mit den Nazis und gaben ihnen Nahrungsmittelvorräte für einen ganzen Monat. Daraufhin ließen sie uns Juden in Ruhe. Zwei Wochen später kamen die deutschen Nazis und wollten uns mitnehmen, und dieses Mal gab Wallenberg den Nazis eine (Gold-)Münze für jede Person im Untergeschoss."

1955 entkam *Thomas Veres,* Raouls Fotograf in Budapest, mit einem kleinen Koffer aus Ungarn. Er landete in Amerika und war später ein erfolgreicher Fotograf im Staat New York. „Als ich 1955 aus Ungarn floh und hierherkam, erzählte ich den Leuten von Wallenberg, und sie sahen mich an, als hätten sie einen Verrückten vor sich. Sie hatten nie von ihm gehört, und er interessierte sie nicht ... Dann öffnete ich eines Tages die Zeitung und sah dort meine Bilder."

Veres sagte einer amerikanischen Zeitung: „Wallenberg war immer ‚Der Schwede‘ mit einem großen ‚D‘. Er war eine ruhige, beeindruckende, nüchterne Person mit einem breitrandigen Hut. In den außergewöhnlichsten Umständen blieb er völlig gelassen."

Veres erzählte, wie er Wallenberg auf einen Bahnhof begleitet hatte, wo Juden in Güterwagen gezwängt wurden, deren Ziel die Todeslager waren. Mit lauter und amtlich klingender Stimme, was die allgegenwärtigen SS-Offiziere einschüchtern sollte, forderte Wallenberg die Juden, die einen schwedischen Pass besaßen, auf, den Zug zu verlassen. Als Hunderte herausströmten, öffnete Veres eine Tür auf der Rückseite des Zuges, und weitere Hunderte sprangen auf die Straße und rannten um ihr Leben. Plötzlich hatte Veres den Lauf eines Nazi-Gewehrs vor der Nase. Wallenberg rief ihm zu, er solle in den Wagen steigen, und sie rasten davon. „So schnell hatte ich noch nie im Auto gesessen", bemerkte Veres dazu.

Als der Philadelphia Inquirer 1982 einen Artikel über Wallenberg brachte, war ein Leser besonders angesprochen: Louis Mermelstein. Er hatte erlebt, dass Wallenbergs Schutzpass auch von den Nazi-Behörden in der Tschechoslowakei anerkannt wurde. In einem Leserbrief gab Louis eine kurze Schilderung seiner Flucht: „Meine Tante, mein Onkel und ich verdanken ihm unser Leben. Ich sprang von einem Viehtransport, der mit Opfern für Auschwitz beladen war. Mit Beulen und Blutergüssen übersät, ohne einen Pfennig Geld, schleppte ich mich mit der Hilfe zweier Einheimischer, die ich unterwegs getroffen hatte, nach Zilana. Sie stellten mir einen Schutzpass aus, den die Behörden akzeptierten. Dadurch bekam ich Zeit, mich zu erholen, und konnte einer neuen Verhaftung für das Verbrechen, ein Jude zu sein, aus dem Weg gehen. Ich wandte mich an den Judenrat in Bratislawa und erkundigte mich nach dem Aufenthaltsort meiner Tante und meines Onkels, die dort lebten. Ich erfuhr, dass auch sie unter Herrn Wallenbergs Schutz standen.

1979 schaute *Yvonne Maria Singer* in ihrer Küche in Toronto in Kanada gebannt auf einen Artikel in ihrer Tageszeitung, dem Toronto Star. Dort wurde eine Begebenheit in Wallenbergs Leben geschildert. Die Zeitung berichtete, dass in einer kalten Dezembernacht im Jahre 1944 in Budapest Tibor Vandor und seine junge jüdische Frau kurz vor der Geburt ihres ersten Kindes standen. Alle Krankenhäuser waren den Juden verschlossen und die werdende Mutter hatte bereits Wehen. Wallenberg brachte das Paar in seine Wohnung in der Ostrom-Straße und bot den beiden sein Schlafzimmer an. Er holte auch einen jüdischen Arzt, der sich um Frau Vandor kümmerte. Er selbst legte sich in ein provisorisches Bett im Flur seiner Wohnung zum Schlafen. In den frühen Morgenstunden wurde er geweckt und erfuhr, dass ein Mädchen zur Welt gekommen war. Die Eltern erwählten ihn zum Paten für Yvonne Maria, die nach einer seiner Großmütter benannt wurde.

Yvonne verfolgte diese Geschichte mit wachsender Spannung, denn sie erkannte darin die Umstände ihrer eigenen Geburt. Fünfunddreißig Jahre später hatte die Vergangenheit sie eingeholt, denn sie war das Kind, das in Wallenbergs Schlafzimmer geboren und durch seine Mission geschützt worden war!

Aber Yvonne hielt die Geschichte an einem entscheidenden Punkt für ungenau. Ihre Eltern waren keine Juden, sondern Katholiken. Von dem Artikel tief bewegt, rief sie bei der Zeitung an, um diesen Fehler zu berichtigen.

Doch damit war die Geschichte noch lange nicht zu Ende. Zu ihrer Überraschung erfuhr sie, dass ihre Eltern ihr niemals ihre wahre Herkunft verraten hatten, weil sie es für besser hielten, sie als gute Katholikin zu erziehen. Kurioserweise hatte sie in ihrer Jugend einen jungen Juden kennengelernt und sich in ihn verliebt, doch ihre Eltern waren gegen eine Heirat gewesen.

Sie hatte ihn trotzdem geheiratet und war zum Judentum übergetreten – lange bevor sie durch den Toronto Star die Wahrheit über sich und ihre Eltern erfuhr.

Schwester Marie Catherine, die Oberin eines Klosters in Rimon in Südostfrankreich, sollte im gleichen Jahr ein ähnliches Erlebnis haben. Nach einem Besuch in Bethlehem und in Jerusalem kehrte sie tief bewegt von all den Eindrücken nach Frankreich zurück. Sie schilderte ihrer Mutter, Emma Szentes, die in der Schweiz lebte, ihre Gefühle. Frau Szentes war eine Sekretärin von Wallenberg in Budapest gewesen. Sie und ihre Tochter waren durch seinen Schutzpass in Sicherheit gewesen und hatten in einem Schutzhaus des schwedischen Diplomaten gelebt.

Als Schwester Marie ihre Mutter an ihren tiefen Gefühlen

während der Israelreise teilhaben ließ, erfuhr sie ein erstaunliches Geheimnis. Frau Szentes sagte zu ihrer Tochter: „Ich will dir etwas verraten, was ich vierzig Jahre geheim gehalten habe, sogar vor meinen Kindern … Wir sind zwar eine ungarische katholische Familie, aber wir sind jüdischer Herkunft. Als wir 1938 die Gefahr des Nationalsozialismus erkannten, sind wir zum Christentum konvertiert."

Nachdem sie von klein auf als Katholikin erzogen worden war, erschütterte Schwester Marie diese Entdeckung zutiefst. Heute heißt sie nicht mehr Marie, sondern Miriam, und sie hat die Erlaubnis erhalten, ihren Orden „Die kleinen Schwestern Israels" zu nennen. Miriam erklärte später: „In der frühen Kirche lebten die Apostel genauso. Sie gingen in die (jüdischen) Synagogen und lehrten gleichzeitig das Evangelium (von Jesus Christus)."

Einer von vielen, die in Israel mit dem bewegenden Zeugnis auftauchten, von Wallenberg gerettet worden zu sein, war *Tommy Lapid,* später Generaldirektor der Israelischen Rundfunkanstalt in Jerusalem. 1944 war er dreizehn Jahre alt und einer der 900 Menschen, die jeweils zu fünfzehn oder zwanzig Mann pro Zimmer in einem von Wallenbergs schwedischen Schutzhäusern wohnten. Er schrieb: „Wir litten Hunger und Durst und schreckliche Angst, und wir fürchteten uns mehr vor den Pfeilkreuzlern als vor dem Bombardement der Engländer, der Amerikaner und der Russen zusammen. Die Pfeilkreuzler hatten Gewehre und sie meinten, das Beste, was sie ihrerseits zu den Kriegsereignissen beitragen könnten, sei, ein paar Juden umzubringen, bevor die Russen kämen. Sie stürmten die Häuser, die nicht verteidigt wurden, und verschleppten Menschen. Wir wohnten sehr nahe an der Donau und hörten die ganze

Nacht über, wie Menschen am Flussufer erschossen wurden.

Manchmal meine ich, der größte Erfolg der Nazis bestand darin, dass wir die Nachricht von unserer drohenden Ermordung so widerspruchslos hinnahmen. Mein Vater war im Konzentrationslager Mauthausen und kam dort um. Ich, als Einzelkind, blieb bei meiner Mutter. Ich flehte sie immer wieder um Brot an, ich war so hungrig. (Noch Jahre später stand sie oft, wenn kein Brot im Haus war, mitten in der Nacht auf, ging hinunter in ein Café und bat um zwei Schnitten Brot – obwohl sie da bereits eine sehr wohlhabende Dame in Tel Aviv war, hatte sie noch immer das Gefühl, dass sie unbedingt Brot im Haus haben musste, aus dieser Zeit damals, als sie mir keines geben konnte.)

Eines Morgens kam eine Gruppe ungarischer Faschisten in unser Haus und befahl, alle erwachsenen, gesunden Frauen hätten sofort mitzukommen. Wir wussten, was das hieß. Meine Mutter küsste mich, ich weinte, sie weinte. Wir dachten, das sei der Abschied für immer und sie müsse mich als Waise zurücklassen. Aber dann kam zu meiner großen Überraschung, nach zwei oder drei Stunden, meine Mutter mit allen anderen Frauen wieder zurück. Es erschien uns wie ein Wunder. Meine Mutter war da – sie lebte noch, und sie nahm mich in ihre Arme und küsste mich. Sie sagte nur ein Wort: „Wallenberg."

Ich wusste, wen sie meinte, denn Wallenberg war unter den Juden eine legendäre Figur. In der finsteren Hölle, in der wir lebten, gab es irgendwo einen unermüdlichen Retter. Nachdem sie sich etwas erholt hatte, erzählte mir meine Mutter: Sie wurden gerade zum Fluss geführt, als ein Wagen neben ihnen anhielt und Wallenberg ausstieg – sie erkannten ihn alle sofort, denn einen solchen Menschen gab es nur einmal auf der Welt. Er ging auf den Anführer der Pfeilkreuzler zu und warf ihm vor, dass diese Frauen unter seinem Schutz stünden. Sie stritten mit ihm, aber er muss ein unglaubliches Charisma besessen haben, denn hinter ihm stand absolut nichts, niemand, der ihn gedeckt hätte. Er stand da auf der Straße, kam sich wahrscheinlich als der einsamste Mensch auf der ganzen Welt vor, und versuchte, so zu tun, als stünde etwas hinter ihm. Sie hätten ihn an Ort und Stelle niederschießen können, und niemand hätte je davon erfahren. Stattdessen gaben sie nach und ließen die Frauen fortgehen."[40]

Schluss

Raoul Wallenberg war die einsame Stimme der Gerechtigkeit in einer Welt, in der das Unrecht überhandnahm. Er setzte sein Leben aufs Spiel, weil die Juden, Gottes Volk, Rettung brauchten.

Für die Menschen um ihn herum war er ein Vorbild; er wird es für Generationen sein, die ihm folgen.

Unsere Generation heute ist Zeuge zahlreicher Grausamkeiten. Krankheit und Entbehrung sind überall. In lebensechter Farbe sehen wir auf dem Bildschirm brutale Beispiele für kollektiven Mord, die Unmenschlichkeit des Menschen zu seinen Mitmenschen, die Erniedrigung und allmähliche Auslöschung von Männern, Frauen und Kindern in Dürregebieten. Babys mit Hungerbäuchen sterben in unseren Wohnzimmern.

Was können wir tun? Jeder von uns ist nur ein Mann, nur eine Frau. Raoul Wallenberg war nur ein Mann. Allein, fast ohne jede Chance, rettete er Tausende von Juden vor den Auschwitzer Krematorien. Allein stellte er sich den Fachleuten des Völkermordes entgegen.

Der Einsatz Raoul Wallenbergs ist in der Geschichte des Holocaust ohne Beispiel. Er schien überlebensgroß, unverwundbar, unsterblich. Wo und wie ging seine Geschichte zu Ende?

Vieles spricht dafür, dass Raoul Wallenberg noch lange Zeit danach am Leben war. Irgendwo im Archipel Gulag. In einer Zelle in einem sowjetischen Gefängnis. Abgesondert in Einzelhaft in einsamem Schweigen. Wartend.

Werden wir je die Wahrheit über Raoul Wallenberg erfahren? Vielleicht hängt das davon ab, wie ernsthaft wir unsere Fragen stellen. Sicher wird im Laufe der Zeit noch manches Geheimnis ans Tageslicht kommen. Solange sein Schicksal nicht geklärt ist, ist es undenkbar, mit einem Denkmal oder einer Grabinschrift einen Schlusspunkt hinter sein Leben zu setzen. Es darf kein Versuch unterlassen werden, sein Schicksal aufzuklären und sein Lebenswerk zu ehren.

Die christliche Kirche und die internationale Gemeinschaft der Christen muss seiner gedenken und ihn ehren. Die Kinder Gottes müssen sein Gedächtnis im Herzen tragen und diesem Mann nacheifern, der unermüdlich und selbstlos für Gerechtigkeit und eine bessere Welt kämpfte.

Es ist nun an uns, dafür zu kämpfen, dass Wallenbergs Gedächtnis schließlich mit allen Ehren und aller Liebe, die es verdient, zur Ruhe gelegt werden kann.

Nachwort 1987

Der Fall Wallenberg ist bis heute nicht abgeschlossen. Er hat sogar seit den 1980er-Jahren an Bekanntheit und Interesse gewonnen. So verlieh ihm 1983 Israel die Ehrenbürgerschaft – das erste Mal, dass einem Ausländer diese Ehre zuteilwurde.

Anfang Mai 1987 geschah etwas, was für viele Beobachter des Falles eine kleine Sensation gewesen sein muss: In Budapest wurde ein Wallenberg-Denkmal enthüllt – eine Statue, die ein bekannter ungarischer Bildhauer aus von der Wallenberg-Familie gestiftetem schwedischem Granit geschaffen hatte. Die Enthüllung fiel zeitlich mit einer Tagung des Jüdischen Weltkongresses in Budapest zusammen, der vor dem Denkmal eine Feier abhielt, und fand unter weitgehendem

Ausschluss der Öffentlichkeit statt. (Vgl. einschlägige Zeitungsberichte, z. B. Die Welt vom 28. April 1987; Neue Zürcher Zeitung vom 7. und 12. Mai 1987.)

Kurz nach der Enthüllung des Denkmals, am 9. Mai, berichtete das ungarische Regierungsorgan Magyar Hirlap über den Fall Wallenberg. In der Vergangenheit, so die Zeitung, sei es gefährlich gewesen, über solche „heiklen Themen" wie Wallenberg zu reden, jetzt jedoch sei die Zeit gekommen, sich den Tatsachen zu stellen. Die Zeitung schreibt, Wallenberg sei Anfang 1945 von sowjetischen Truppen widerrechtlich in Budapest gefangen genommen worden; verantwortlich dafür sei Viktor Abakumow, der damalige sowjetische Militärsicherheitschef, gewesen. 1947 sei Wallenberg dann im Lubjanka-Gefängnis in Moskau gestorben. (Vgl. Neue Zürcher Zeitung, 12. Mai 1987, S. 3.)

Ein offizielles Denkmal, ein offizieller Bericht in der ungarischen Staatspresse – die Zeichen sehen ermutigend aus. Ob sie wirklich eine endgültige Wende (sprich: Aufklärung) im Fall Wallenberg bringen werden, muss abgewartet werden. Es dämpft die Hoffnungen, wenn man bedenkt, dass die ungarische Erklärung über das Ende Wallenbergs eine getreue Wiederholung der sowjetischen Position vom Februar 1957 ist. Und als Ungarns KP-Chef Kadar Ende April Schweden besuchte, würdigte er Raoul Wallenberg ausdrücklich, bedauerte jedoch gleichzeitig, dass der Fall vom Westen in der Vergangenheit zu „antisowjetischer Propaganda missbraucht" worden sei (vgl. Die Welt, 28. April 1987).

Wahrheit oder Diplomatie – man kann nicht beides zugleich haben. Das ist von jeher ein Hauptproblem im Fall Wallenberg. Er ist immer noch ungelöst.

Der Verlag in der deutschen Erstausgabe von 1987

Anhang

Bericht Raoul Wallenbergs aus
Budapest, 8. Dezember 1944

Seit meinem letzten Bericht hat sich die Lage der ungarischen Juden merklich verschlechtert. An die 40 000 Juden, 15 000 Mitglieder der jüdischen Zwangsarbeitergruppe und 25 000 andere Personen beiderlei Geschlechts, wurden in ihren Häusern oder auf der Straße festgenommen und zu einem Fußmarsch Richtung Deutschland gezwungen. Sie sollten eine Strecke von ungefähr 200 Kilometern zurücklegen. Seit Beginn dieser Märsche ist das Wetter kalt und regnerisch. Die Menschen müssen ohne jeden Schutz im Freien übernachten. Die meisten von ihnen erhielten nur drei- oder viermal etwas zu essen oder zu trinken. Viele von ihnen starben. Der Unterzeichnete konnte persönlich feststellen, dass in Moson-Magyarovar an einem Tag sieben Menschen starben und am Tag davor ebenfalls sieben. Der Sekretär der portugiesischen Gesandtschaft sah 42 Leichen auf einer Straße und der stellvertretende Ministerpräsident Szöllössy gab zu, zwei Tote gesehen zu haben. Wer nicht weitergehen konnte, wurde auf der Stelle erschossen. An der Grenze wurden sie von SS-Kommandant Eichmann empfangen; sie wurden verprügelt und misshandelt und zur Zwangsarbeit an Gräben und Befestigungen getrieben. Die beigefügten Fotos Nr. 1 und 2 zeigen zwei Zivilpersonen, die bereit sind zum Weitermarsch, Nr. 3 zeigt Mitglieder der jüdischen Zwangsarbeiter-gruppe, und auf Bild Nr. 4 sieht man zwei Mädchen vor und nach ihrem Marsch von Budapest nach Hegyeshalom.

20 000 Mitglieder der jüdischen Zwangsarbeitergruppe wur-den per Zug zur Grenze gebracht. Sie arbeiteten hauptsäch-lich auf ungarischem Gebiet. Anbei auch ein Foto, das die Arbeit der schwedischen Rettungskommission zeigt. Die im letzten Bericht erwähnte Verschanzungsarbeit hat seither auf-gehört.

Die Juden sind in ein allgemeines Ghetto gestopft worden; angeblich ein Ghetto für 69 000 Personen, aber in Wirklich-keit befinden sich dort wahrscheinlich viel mehr. Außerdem leben weitere 33 000 Juden in einem internationalen Ghet-to, das für 17 000 Personen eingerichtet war. Von ihnen sind 7000 in schwedischen, 23 000 in Schweizer und 2000 in Häusern des Roten Kreuzes untergebracht. Mehrere Tausend Juden, die unter schweizerischem und vatikanischem Schutz standen, wurden verschleppt – zur Deportation oder ins All-gemeine Ghetto. Im Ghetto müssen sich vier bis zwölf Juden einen Raum teilen; in den schwedischen Häusern ist die Lage noch am annehmbarsten.

Eine glücklicherweise nicht so schlimme Ruhrepidemie ist unter den Juden ausgebrochen. In den Schweizer Häusern ist der Gesundheitszustand der Juden noch gut; bis jetzt sind nur fünf Menschen gestorben. Diese Abteilung impft alle ge-schützten Juden gegen Typhus, Paratyphus und Cholera. Zu gegebener Zeit werden auch die Mitarbeiter geimpft werden.

Jüdisches Eigentum ist zum großen Teil schlimm geplün-dert worden, da die Juden nur so viel mitnehmen durften, wie sie tragen konnten. Die Situation der Nahrungsmittel-versorgung nähert sich einer Katastrophe.

Viele Juden wurden von Pfeilkreuzlern entführt, die sie in ihren Häusern misshandeln und quälen, bevor sie sie zur Deportation weitergeben.

Es gehen Gerüchte um, dass die Todesbrigade, die in engem Zusammenhang mit Minister Kovarcs steht, zu einem Pogrom aufhetzen will. Ich glaube nicht, dass das Pogrom sich weit ausbreiten wird, denn die SS-Organe zum Beispiel haben keinen Befehl erhalten, einen systematischen Massenmord der Juden zu organisieren.

Organisation: Nach dem schweren Schlag im Oktober ist die Abteilung wieder sehr verstärkt worden. Wir haben 335 Angestellte sowie 40 Ärzte, Hausmeister usw. Sie alle leben mit ihren Familienangehörigen, die noch einmal so zahlreich sind, in den Gebäuden der Abteilung. Insgesamt haben wir Büros und Wohnungen in zehn Häusern, von denen eines zum Internationalen Ghetto gehört.

Zwei Krankenhäuser wurden eingerichtet bzw. improvisiert, die zusammen 150 Betten haben. Außerdem gibt es eine Feldküche. Die Juden aus den schwedischen Schutzhäusern händigen ihre Lebensmittelmarken der Abteilung aus, die sie einlöst und die Lebensmittel verteilt.

Die Korrespondenz der Abteilung wurde zum großen Teil zerstört. Die Verpflegungsabteilung hat Nahrungsmittel im Wert von ungefähr zwei Millionen Pengös eingekauft.

Erreichte Ergebnisse: Der Abteilung gelang es, Pässe vom Honved-Ministerium zu erhalten, mit deren Hilfe alle Juden, die zur Zwangsarbeit verpflichtet wurden, aber ausländische Dokumente besitzen, nach Budapest zurückgeschickt werden können. Ein Vertreter der Abteilung verteilte diese Pässe mit dem Auto. Kurz darauf kehrten um die 15 000 Juden nach Budapest zurück.

Die Kolonnen, die auf dem Weg zur Grenze waren, wurden sporadisch mit Nahrungsmitteln und Medikamenten versorgt. Ungefähr 200 Kranke wurden mit Krankenwagen aus Deportationssammellagern geholt und zurück nach Budapest gebracht.

Ungefähr 2000 Menschen konnten durch Interventionen aus dem einen oder anderen Grunde vor der Deportation gerettet werden. 500 von ihnen wurden aus Hegyeshalom gerettet. Leider mussten diese Aktionen wegen Gewaltandrohung vonseiten des deutschen Eichmann-Kommandos aufhören.

Bis jetzt wurden die Juden, die einen schwedischen Schutzpass besitzen, relativ milde behandelt im Vergleich zu den Schutzbefohlenen anderer neutraler Mächte. Soweit wir feststellen können, wurden bisher nur zehn Juden mit einem schwedischen Schutzpass in Budapest und Umgebung erschossen.

Budapest, 8. Dezember 1944
(gez.) Raoul Wallenberg
Legationssekretär

Offizielle sowjetische Erklärungen
zum Verschwinden Wallenbergs

16. Jan. 1945   „Wallenberg befindet sich in den Händen der Sowjetunion" – sowjetischer stellvertretender Außenminister Wladimir Dekanosow.

Febr. 1945   „Wallenberg ist in der UdSSR" – sowjetische Botschafterin Alexandra Kollontai.

8. März 1945   „Wallenberg wurde von ungarischen Faschisten oder von Agenten der Gestapo ermordet" – von den Sowjets kontrollierter Sender Kossuth in Budapest.

18. Aug. 1947   „Wallenberg ist nicht in der Sowjetunion, wir kennen ihn nicht" – sowjetischer Außenminister Andrej Wyschinskij.

5. Aug. 1953   „Wallenberg hat sich nie in der Sowjetunion aufgehalten. Er befindet sich nicht dort, und wir kennen ihn nicht" – sowjetischer Botschafter Konstantin Rodionow.

18. März 1956   „Eine gründliche Nachforschung hat bestätigt, dass Wallenberg nicht in der Sowjetunion ist und auch niemals war" – sowjetisches Außenministerium.

5. April 1956   „Wir werden die Dokumente prüfen, die der schwedische Ministerpräsident Erlander uns übergeben hat. Sollte es sich herausstellen, dass Wallenberg in der Sowjetunion ist, würde er natürlich die Erlaubnis bekommen, nach Schweden zurückzukehren" – sowjetisches Kommuniqué nach einem Treffen zwischen Erlander und Chruschtschow.

2. Febr. 1957   In einer vom stellvertretenden sowjetischen
Außenminister Andrej Gromyko überbrachten
Note wird erklärt, dass Wallenberg vermutlich
am 17. Juli 1947 in der Lubjanka in Moskau
verstorben ist – „vermutlich infolge eines
Myokardinfarkts" (Bericht des Leiters der Lazarettabteilung der Lubjanka, A. L. Smolzow,
an den Minister für Staatssicherheit, Abakumow). „Andere Aufklärungen in Gestalt von
Dokumenten oder Zeugenaussagen aufzufin-
den gelang nicht, umso weniger, als besagter
Smolzow am 7. Mai 1953 verstarb."

Wo Wallenberg gesehen wurde
(mögliche Stationen in der UdSSR)

1945: Februar	Lubjanka-Gefängnis, Moskau
1945: April	Lefortowo-Gefängnis, Moskau
1947: Juli	Gefängnis Wladimir
1947: Dezember	Intalager, Polarkreis
1948: Januar	Lubjanka-Gefängnis, Moskau
1948: Sommer	Khalimer-Ju-Lager, Workuta
1949: Frühjahr	Butyrki-Gefängnis, Moskau
1951	Lubjanka-Gefängnis, Moskau
1951	Werchneuralsk-Gefängnis, Tscheljabinsk/ Ural
1951	Gefängnis Wladimir
1955	Transitgefängnis, Gorki
1955	Gefängnislazarett, Wladimir
1959	Gefängnis Wladimir

1961   Nervenklinik, Moskau
1962   Isolationslager, Wrangelinsel, Nordpolarmeer
1963   Lubjanka-Gefängnis, Moskau
1966   Gefängnis, Sibirien
1967   Isolationsbereich, Lager, Gebiet von Irkutsk
1972   Potma, Mordwinien
1975   Gefängniskrankenhaus, Butyrki-Gefängnis, Moskau
1976   Sonderblock, Gorki-Zentralgefängnis, Gorki
1978   Lubjanka-Gefängnis, Moskau
1978   Blagoweschtschensk, psychiatrisches Sondergefängnis
1980   Gebiet Leningrad, Gefängniskrankenhaus

2011: Wallenberg-Forscher fordern Überprüfung der russischen Geheimdienstakten

Die unabhängigen Wallenberg-Forscher Vadim Birstein und Susanne Berger haben am 1. August 2011 eine umfassende Überprüfung der russischen Geheimdienstakten zum Fall Raoul Wallenberg gefordert. Birstein und Berger machten darauf aufmerksam, dass in einer russischen Buchveröffentlichung bisher unbekannte Akten zu Verhören von Wallenbergs ehemaligen Mitgefangenen Willy Rödel veröffentlicht worden sind. Zuvor war die Existenz derartiger Unterlagen abgestritten worden. Wenn aber große Teile von Rödels Akte erhalten geblieben sind, könnte dies auch für Wallenbergs Akte gelten. Ebenso für Wallenbergs Chauffeur Vilmos Langfelder, der zusammen mit ihm in die Sowjetunion verschleppt worden war.

Informationen des Raoul-Wallenberg-Komitees Deutschland

Laut aktueller Information auf der Internetseite des deutschen Raoul-Wallenberg-Komitees reichen Aussagen von Zeugen, die Informationen über Raoul Wallenbergs Gefangenschaft, seine Haftbedingungen und seinen Gesundheitszustand übermittelten, bis in die 1990er-Jahre. Bis heute behauptet der FSB (Nachfolgeorganisation des KGB), die Akte Wallenberg sei verschwunden oder vernichtet, was bei der Arbeitsweise beider Geheimdienste unglaubwürdig erscheint. Es handelte sich nach Angaben des deutschen Raoul-Wallenberg-Komitees um 1,20 Meter Akten.

Dank

Ich danke Jurij Below, Peter Benenson, Bill Hampson, Mutter und Clement, Dirk Jan Groot, George Verwer, David Pillegi, John Hunt, Debbie Thorpe, Dan Wooding, Timothy Chmykhalov, Stewart und Carol Henderson, Maria Keller, Pramod Bhasin und meinen vielen Freunden in Cobham.

Der englische Verlag dankt für die freundliche Genehmigung zum Abdruck von Auszügen aus folgenden Büchern:

John Bierman, Raoul Wallenberg – Der verschollene Held, München 1983;

Miklós Nyiszli, Auschwitz, Panther Books Ltd., 1973

Verwendete Literatur

Adler-Karlsson, Gunnar: Der Fehlschlag. Zwanzig Jahre Wirtschaftskrieg zwischen Ost und West (Wien: Europa-Verlag, 1971),

Anger, Per: Med Raoul Wallenberg i Budapest (Stockholm: Norstedt, 2. Aufl. 1985),

Berg, Lars: What Happened in Budapest (Stockholm, 1949),

Bierman, John: Raoul Wallenberg – Der verschollene Held (München: Knaur, 1983),

Dardel, Fredrik von: Wallenberg – fakta kring ett öde (Stockholm: Proprius, 1970),

Dawidowicz, Lucy: Der Krieg gegen die Juden: 1933-1945 (München: Kindler, 1979),

Gann, Christoph: Raoul Wallenberg. So viele Menschen retten wie möglich (München: C.H. Beck, 1999),

Gilbert, Martin: Auschwitz und die Alliierten (München: Beck, 1982),

Höß, Rudolf: Kommandant in Auschwitz. Autobiographische Aufzeichnungen, hrsg. von M. Broszat (München: dtv, 10. Aufl. 1985),

Karelin, Victor: Damals in Budapest. Das Buch von Raoul Wallenberg (Freiburg: Herder, 1982) (Jugendbuch),

Laqueur, Walter: Was niemand wissen wollte. Die Unterdrückung der Nachrichten über Hitlers „Endlösung" (Frankfurt/M.: Ullstein, 1982),

Lester, Eleonore: Wallenberg, The Man in the Iron Web (Englewood Cliffs, N. J.: Prentice Hall, 1982),

Levai, Jenö: Raoul Wallenberg – hjälten; Budapest (Stockholm, 1948),

Lichtenstein, Heiner: Raoul Wallenberg, Retter von hunderttausend Juden (Köln: Bund-Verlag, 1982),

Marton, Kati: Wallenberg (New York: Random House, 1982),

Nyiszli, Miklos: Auschwitz (Panther Books, 1962),

Philipp, Rudolph: Raoul Wallenberg – diplomat, kämpe, samarit (Stockholm, 1946),

Shirer, William L.: Aufstieg und Fall des Dritten Reiches (Köln: Kiepenheuer & Witsch, 1961),

Ströbinger, Rudolf: Das Rätsel Wallenberg (Stuttgart: Burg-Verlag, 1981),

Tolstoy, Nikolai: Die Verratenen von Jalta (Frankfurt/M.: Ullstein, 1987),

Tolstoy, Nikolai: Stalin's Secret War (New York: Holt, 1982),

Utrikes departement (Schwedisches Außenministerium): Weißbücher des schwedischen Außenministeriums über Raoul Wallenberg (3 Bde., Stockholm 1957, 1965, 1980),

Werbeil, Frederick R./Clarke, Thurston: Lost Hero. The Mystery of Raoul Wallenberg (New York: McGraw-Hill, 1982),

Raoul Wallenberg. Dokumentsamling jämte Kommentarer rörande hans fängenskap i Sovjetunionen (Stockholm, 1957),

Raoul Wallenberg. Dokumentsamling rörande efterforskningarna efter är 1957 (Stockholm, 1965).

Anmerkungen

1 Lester, The Man in the Iron Web, S. 41
2 Höß, Kommandant in Auschwitz, S. 124
3 Höß, S. 157
4 Höß, S. 126
5 ebenda
6 ebenda
7 Nyiszli, Auschwitz
8 ebenda
9 ebenda
10 Höß, S. 164
11 Höß, S. 165
12 The Listener, 16. Sept. 1982
13 Laqueur, Was niemand wissen wollte, S. 65f.
14 Lester, S. 65
15 Wallenberg-Weißbuch des schwedischen Außenministeriums, in: Bierman, Raoul Wallenberg, S. 85f.
16 Bierman, Raoul Wallenberg, S. 105
17 ebenda
18 ebenda
19 Bierman, S. 106
20 Lester, S. 113
21 Lester, S. 112
22 Bierman, S. 110; deutsche Übersetzung z.T. nach C. Gann, S. 115f: Brief vom 8. Dez. 1988, Quelle: Raoul Wallenberg-Föreningen, Stockholm
23 Lars Berg, What Happened in Budapest; Bierman, S. 115f. (Übersetzung z.T. nach C. Gann, S. 125)
24 Per Anger, Med Raoul Wallenberg i Budapest; Bierman, S. 130f.
25 Frederik von Dardel, Wallenberg
26 Wallenberg-Weißbuch; Bierman, S. 156
27 Wallenberg-Weißbuch; Bierman, S. 159
28 ebenda
29 Wallenberg-Weißbuch; Bierman, S. 159f.
30 Wallenberg-Weißbuch; Bierman, S. 161
31 So C. Gann, S. 167
32 Wallenberg-Weißbuch; Ströbinger, Das Rätsel Wallenberg, S. 238
33 C. Gann, S. 205
34 Adler-Karlsson, Der Fehlschlag, S. 137f.
35 Vgl. Gann, S. 214
36 Tolstoy, Stalins's Secret War, S. 266

37 Tolstoy, S. 267
38 Australian Jewish Times, 9. Mai 1985
39 Princeton Packet, 1985
40 Bierman, S. 103f.

Namensregister

222